极限挑战

●金飞豹 著

云南出版集团公司
云南人民出版社

豹走天涯·攀登

自强不息
不畏艰险
百折不挠
勇于拼搏

自 序

带着梦想一路前行

DAIZHE MENGXIANG YILUQIANXING

每个人的心中都有一个梦想：也许是希望自己能拥有一双翅膀，在天空展翅翱翔；也许是希望自己身怀绝技，可以鲜衣怒马、笑傲江湖；也可能是希望自己身强力壮，驰骋赛场，为国争光……这些梦想大部分时间都蛰伏在人们心灵的某个小小角落里，只是在夜深人静或者很累的时候，才会突然跳出来提醒你。小时候的我最爱看法国科幻小说作家儒勒·凡尔纳的科幻小说《海底两万里》、《地心游记》等等，这些小说为我描述了一个个神奇而瑰丽的世界，打那时候起，我就萌生了一个关于自己去探险的梦想，这个梦想时时提醒我、指引我赶快行动、行动、行动……

我相信，我们每个人的心灵深处都有一个不断产生梦想的角落，只是长期以来，人们总认为有梦想并且努力去实现梦想不是平凡人的生存和发展模式，因而很多人忽略了甚至抑制住了自己内心深处梦想的召唤，从而放弃了追梦的生命成就。

2006年5月，我登上了世界第一高峰——珠穆朗玛峰，虽说历尽艰险，但终是苦尽甘来，珠峰的成功给了我莫大的鼓励和动力，接下来我于2006年10月登顶非洲最高峰乞力马扎罗；2006年12月成功登顶南极洲最高峰文森峰；2007年1月成功徒步到达南极点；2007年4月成功徒步到达北极点；2007年5月成功登顶大洋洲最高峰科修斯科峰；2007年6月成功登顶北美洲最高峰麦金利，2007年8月成功登顶欧洲最高峰厄尔布鲁士峰，2007年12月成功登顶南美洲最高峰阿空加瓜峰。此外，还于2007年9月成功登顶了大洋洲最高峰——查亚峰，从而成为了迄今世界上第一个完成“7+3”探险的探险家。

世界万物都有自己选择的生命存在方式：鹰击长空、鱼翔浅底……而我，选择了探险作为我一生的追求。我曾经在一次采访中说过：夏尔巴人是世界上最出色的登山者，但征服和荣耀并不属于他们，因为他们登山是为了生存，而我们，却是为了实现梦想。只有带着梦想去行动，才能在自然的绝美中领悟到生命的真谛。作为目前世界上唯一一个完成了“7+3”探险的探险家，我也从自己的经历中收获了许多感悟：

·用生命书写荣耀·

珠峰8844米的海拔，代表了一个生命的禁区，不是每一个心怀梦想的人都能到达这个高度。自人类攀登珠峰50多年来，在珠峰死难人数就有470多人，仅仅2006年就有十几人，这个惊人的数字不禁让人望而却步。

攀登珠峰的艰难超乎一般人的想象，它不仅需要攀登者具有极强的体魄，更需要他们有超于常人的无比坚定的信念和意志力。历经千难万险，我和哥哥飞彪终于登上了珠穆朗玛的顶峰，那一刻，氧气面罩后的我们都是泪流满面，没有经历过那一切的人无法体会我们那一刻的心情！那一天是5月14日，正好是母亲节，在顶峰之上，我和飞彪不约而同地决定，要把登顶作为献给母亲的礼物！

在下撤的时候，哥哥飞彪经历了一次生与死的考验。因为过于留恋登上珠峰的成就感，在高山协作的多次提醒和催促下，我们才恋恋不舍地离开顶峰，成为当天最后下顶的人。因为耽误了时间，我们下山时天色已变，能见度很低，飞彪在下撤至中国梯时，突然滑坠，当时，我只觉得腰上一紧，一股力量拖着我向下滑坠，我连忙抓紧路绳，脚下用力站稳，转头一看，哥哥不见了，我的心一下如坠冰窟。

还好有连结绳，飞彪没有一直滑坠下去，高山协作对他喊话，他回答说他的氧气面罩被摔破了，听到他的声音，我的眼泪一下就出来了。通过高山协作的紧急救援，飞彪终于保住了性命。经过这一番周折，山上开始起风了，温度下降很快，我的手指以及飞彪的脸部都有轻微的冻伤，无法继续下撤，我们被困在8300米处。那天晚上，我们被迫停留在山顶过夜，帐篷搭建在雪地上，条件很差。8300米的高度，神灵仿佛触手可及，而死神也是如影随形。那一夜，我躺在帐篷中，静静地倾听神山的呼吸，漆黑狭小的空间里，我却仿佛看到了亿万年的岁月流淌。

·在孤独中坚守信念·

如果说登珠峰是在生与死的缝隙中艰难感悟，那南北极的极寒和孤寂则更是对信念的一种考验。在南极和北极的徒步中，队伍里就只有我一个中国人，虽然与营地的其他队员们都相处得很好，可那种来自心灵深处的孤独仍然深深地困扰着我。在那段时间里，我每天都在与令人发狂的孤独作战。自从成功攀登了珠穆朗玛峰以后，我已将珠峰当作了一个衡量困难的标杆，一切的困难与珠峰之行相比，都会显得黯然失色。这一次，我只是孤独而已！

在徒步过程中，我因为颈椎病，行走非常困难。队友把我的重行李，甚至排泄物垃圾袋背在自己肩上。我铭记、感激。大家来自不同国家，语言交流存在不少障碍，但是这样的障碍在大家相互关爱的行动中已显得微不足道。十几年的探险生涯里，我经常帮助别人，也常常得到别人的帮助，这也让我结交了国内外很多患难挚友，这些都是我一生的财富。

·在失败中自省·

在九大极点的探险过程中，最让我难忘的是在阿空加瓜的失败。只有6962米的阿空加瓜海拔不算太高，但却是一座闻名世界的险峰，自1897年1月14日瑞士登山家楚布里根首次成功登上此山以来的近百年间，许多人攀抵峰顶，但也有不少人功败垂成，死在途中。最悲壮的莫过于阿空加瓜脚下的那60座墓碑，就是为这些遇难者修建的。在世界最著名、最艰险的三大陡壁中，阿空加瓜的南壁位居首位。越危险越有魅力，这似乎是登山者的一个法则，但，来的人多，归的人少，这使得阿空加瓜的攀登史成为一部壮烈的英雄传奇史。

我虽然在到达阿根廷之前就听说了不少关于这座山的故事，但已经登顶珠峰的我对此次的阿空加瓜之行仍然充满信心。在我的向导为我制定行程的时候，他建议我将时间安排得稍长一些，这样能有更多的机动时间，如果碰上了暴风雪等坏天气，可以避开它再登顶。骄傲的我没有听从向导的建议，坚持只让他排了一周的计划，我认为，这样一座6000多米的山峰，一周的时间已经足够了。然而上天对于骄傲的人总是很快就施予了惩罚，我在快要登顶时接到天气预报通知，未来山顶可能会有暴风雪，要求我们休息等待天气好转。当时我非常着急，如果要等待暴风雪过去的话我将没有足够的时间登顶，思量再三，我决定强行冲顶，结果在距离顶峰还有100米左右时，遭遇了暴风雪，不得不放弃登顶，迅速下撤。

阿空加瓜用自己的方式给了骄傲的我一个教训，每一座山峰都有自己的特点，登山是一种感悟而不是一种征服。每一座山峰都值得我们去敬畏，只有遵循它的方式才能迎来最终的胜利。这次失败的教训我将铭记一生，不论看上去多么简单的事情都要认真地去对待，轻视目标的结果必然是失败，但失败并不代表放弃，2006年11月，我重振旗鼓再登阿空加瓜，终于圆满地完成了九大极点的探险活动。

·带着梦想一路前行·

作为世界上第一个用最短的时间完成7+2壮举的人，我的经历，刷新了世界历史纪录；作为一名奥运火炬手，我代表的不仅仅是我个人，我还代表着昆明、云南，代表着中国，我要让世界看到我们中国人的顽强、自信与坚韧以及我们所拥有的奥林匹克精神；我要让世界了解中国，了解我们的精神，也了解我们的生活。我要用自己的行动向世界诠释中华民族自强不息、不畏艰险、百折不挠、勇于拼搏的智慧、力量、意志和进取精神，让全世界更多的目光聚焦到中国。

目录

contents

目录 / contents

目录 / contents

洗涤灵魂的圣地：乞力马扎罗

乞力马扎罗登山线路图

乞力马扎罗，洗涤灵魂的圣地，走过之后，方能体会。

——飞豹感言

乞力马扎罗（Mt.Kilimanjaro），位于非洲中部，在肯尼亚和坦桑尼亚的交界处，海拔5895米，是非洲最高峰，也是世界上海拔最高的孤山。这座山岳的名字出自斯瓦希里语，原文Kilimanjaro。解释为“光明的山”、“明亮美丽的山”。在海明威笔下，乞力马扎罗俨然成为了人们寻求洗涤心灵的圣地，面对圣洁的雪山，诗人哈里终于完成了他的精神升华。

攀登“乞峰”，被称之为“冰与火的享受”，因为它是一座地处赤道、圆锥形休眠的火山，也是世界上最高的火山之一。人们总是把赤道和酷热连在一起，很难想象在赤道上竟然还有终年积雪、银装素裹着的高山。

启 程

带着梦想启程

2006年5月14日，我和哥哥一起登上了世界最高的山峰——珠穆朗玛峰，达到了我们人生中一个全新的高度。然而，珠峰并不是我们攀登的终点，它只是我们全新计划的一个起点。2008年，传承百年的奥运圣火就要来到中国，我作为一个中国人，我希望以自己的方式来为即将到来的奥运献上一份特别的礼物。

从2001年7月13日，北京成为2008奥运主办城市的那一天起，我就在准备我的这份礼物，2006年，我策划实施的

“追求卓越·超越巅峰——全球九大极点顶级探险活动”正式启动，我将联合昆明城建股份在最短的时间内攀登七大洲的最高峰和徒步到达南北极点，我希望能通过我的行动把中国的文化理念、民族精神传达给世界人民。我也希望能通过这次活动为自己的人生做一个新的诠释。珠峰的成功攀登，是我新征程的一个完美开局，接下来的旅途，我不会孤独。

成功攀登了珠峰以后，我的下一个目标是攀登非洲最高峰——乞力马扎罗。

此次我们的登山队员共有4名，我和城建股份的董事长李捷为主力队员，昆明《都市时报》的记者杨海东作为该报特派记者随同我们共同攀登顶峰，还有唯一一位女队员宁

非洲最高峰乞力马扎罗

婷。宁婷曾和我们一起在2005年9月攀登了世界第六高峰卓奥友峰；2006年5月我与飞彪的珠穆朗玛峰攀登活动，她负责活动报道和高山图文传输，在6500米的前进营地工作了20多天，并随队攀登至海拔7000米的珠峰北坳。此次宁婷依然负责活动报道和图文传输，将和我们一起攀登顶峰。

2006年10月14日
初到内罗毕

北京时间昨日10:40，我们6名探险队员平安抵达肯尼亚首都内罗毕（当地时间凌晨5:40）。今天在内罗毕的所见所闻颇让我感到惊喜，没想到刚到东非的第一天，内罗毕这座大都市就向我们展示了她可爱的一面。

从广州直飞内罗毕的航班上，大多数是黑人游客，中国旅客少之又少。到达内罗毕后，我们见到最多的是欧洲游客，也很少看见中国游客，所以，我们几乎成了稀有人种。

经过14个小时的飞行，飞机降落在内罗毕肯雅塔国际机场，我们顾不上旅途疲劳，一下飞机便马不停蹄地开始了在内罗毕的行程。我们驾驶着一辆经过特别改装的越野车首先前往位于内罗毕边缘、肯尼亚最大的国家公园。在这个野

左起：杨海冬、李捷、宁婷、金飞豹

生动物的乐园，我们惊喜地看到了行走在路上的长颈鹿、斑马、鸵鸟和非洲大水牛，还与非洲雄狮擦肩而过。狮子见到我们一点也不慌张，很悠闲地漫步而过，导游提醒我们赶快把引擎关闭，不要惊扰了它们。当时车上的所有人都屏住呼吸拿出相机一阵狂拍，直到那对傲慢的狮子从车边怡然经过，当时距离我们只有30公分！所有人都可以清晰地听见它们的喘息声："呼，呼……"，在安静的非洲原野上，震慑人心。回想我们以前在公园里见到的狮子，那的确只能称作大猫而已。

车的另一侧，远远的有一群羚羊，一动不动地看着狮子行动的方向；而狮子在经过我们的车后也停了下来，转身回望那群羚羊。难以想象距离这么远，地面上又都是1米高的草丛，它们竟然能发现对方！动物觉察危险的天赋实在是令人惊叹，而人类在所谓的进化中已经丧失了很多本能。狮子和羚羊就在我们前面静静地对峙着，没有声音，没有动作，但那景象却让人感到惊心动魄。

李捷很开心，他说终于看见了自己最想见的东西。我的手机一直响不停，都是朋友给我打来的，他们为我们感到骄傲，也为我们祝福。因为是第一次出国登山，许多朋友还向我传授了经验。特别是到过非洲的朋友，说了许多以前我所不知道的事情，比如在非洲只能用2000年以后版本的美元；

肯尼亚首都内罗毕

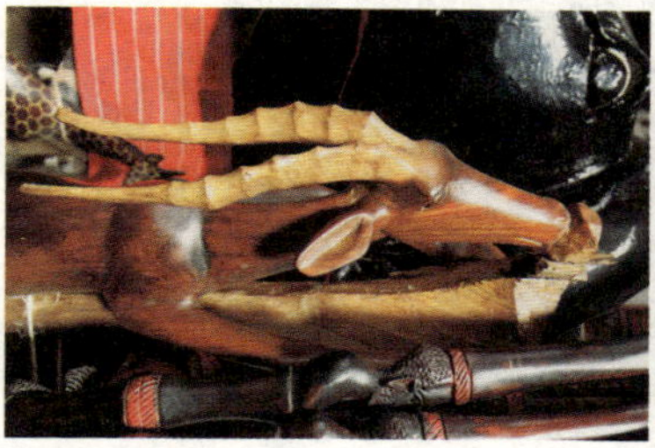

非洲木雕

旅游工艺品——纯手工木雕

为预防疾病，当地生水不能直接饮用，酒店也不提供烧水的茶壶，因此要尽量饮用瓶装矿泉水……这些经验对我们来说都很实用，让我们能更好地为非洲之行做准备。

内罗毕是肯尼亚的首都，位于中西部海拔1680米的高原上，距肯尼亚第一大港蒙巴萨约480公里。内罗毕在当地马赛语中的意思是“冰凉的水”，从城市凉爽的气候看来，并不难理解。

早在1890年内罗毕就成为了英属殖民地的铁路站，1905年时又成为了英属东非保护领地的首都。1900年左右，当印度商店街在这个城市建立，内罗毕便成为了一个贸易中心。1963年肯尼亚宣布独立，内罗毕这个吸引人潮移居的中心城市，自然成为了肯尼亚的首都。内罗毕现以制造业包括烟、加工食品、饮料等为主要工业，近年来旅游观光也成为该市另一主要收入来源。

下午，我们去到《走出非洲》的作者卡伦的故居参观。

在卡伦生活过的小屋里，看到了卡伦当年用过的衣物、书籍和其他生活用品。值得一提的是，我们在卡伦的故居还“沾了喜气”，昨天那里喜结了一对跨国良缘。新郎是个美国人，新娘是肯尼亚人，我们参观卡伦故居时恰好碰到他们在这个人文景观举办婚礼，而这场婚礼是按照当地贵族的规格来举办的“豪门婚宴”。

10月15日 繁华的背后

我们入住的是当地一家高级酒店丽金大酒店，这也是内罗毕市唯一一家悬挂了五星红旗的酒店。这里的繁华程度确实超过了我之前的想象。全球各界很多知名人士都在内罗毕留下过足迹，联合国的人居总部就设在这里。肯尼亚是备受国际关注的国家，内罗毕又是全国的政治经济文化中心，在这里我们确实感受到了这种氛围的存在。

然而，就在我们走马观花地体会着内罗毕的繁华时，也真实地感受到这座非洲少有的大都市背后存在的安全隐患：酒店的入口处都有像士兵一样荷枪实弹的警卫人员，感觉就像到了使领馆一般。我们刚下飞机，旅行社负责接待的工作人员就向我们强调了六大注意事项：第一，由于肯尼亚是联合国确定的疟疾、伤寒、霍乱和艾滋病疫区之一，凡是外出都要随身带防治药物，特别应注意防蚊防晒。第二，晚上不要出门，白天外出如迷了路，千万不能在马路上来回行走，应走进商店等相对比较安全的地方，伺机寻求帮助。第三，开车应选择主干道，如发现有车尾随，不能加速，而应改变方向，开往警察局。途中注意关紧车窗，不要轻易停车，即使有人敲窗也不要理睬。第四，入住旅馆最好不选底层房间，随时关好门窗，返回旅馆时如发现门开着或未上锁，不要进门，应立即报告饭店经理。第五，钱包里要放一定数量的零钱，除方便随时使用外，如遇抢劫可交出，避免生命受到威胁。第六，不穿过于怪异和紧身的服装，鞋子要耐穿，袜子要略厚，并戴上遮阳帽。当地的旅行机构还特别告诫我们，内罗毕的治安是这座城市的大问题，外出时要循规蹈矩，回到酒店要老实听话。颇具讽刺意味的是，作为首都的

非洲木雕

内罗毕，据说破案率是全国最低的。我对这个美丽的国家在治安管理上的缺陷很是不解。

尽管喜忧参半，我们在内罗毕还是受到了友好的接待。我们了解到，中国和肯尼亚一直保持着很友好的关系，我们国家对肯尼亚提供的支持援助并不少，只是到非洲旅行的中国人太少了。

10月16日
愉快的联谊晚会

今天下午肯尼亚时间15：00，我们在内罗毕风景秀丽的温莎酒店（WINDSOR）举行了“追求卓越·超越巅峰” 全球九大极点顶级探险活动在国外的首站联谊会。参会机构有中国驻肯尼亚大使馆、中国驻肯尼亚商务处、新华社驻非洲总分社、中国国际广播电台驻非洲总台、中国驻联合国环境署、中国驻联合国人居署、联合国环境署地区合作部、肯尼亚华人华侨联合会以及内罗毕市政府官员、肯尼亚当地媒体代表、中国驻肯尼亚中资企业代表等。

联谊会以鸡尾酒会形式举办，活动主办方负责人李捷在联谊会上介绍了本次活动的详细情况，并向参与联谊会的华

联谊会在这里召开

人社团、媒体、使领馆的代表赠送了《云南映象》、《小河淌水》等具有云南文化特色的礼品。

10月17日

一路欢喜一路行

纳满喀

经肯尼亚南部边防小镇纳满喀进入坦桑尼亚的路途中，我们一行6人是冒着大雨一路前行的，大雨之中观赏到的景象别有一番情趣。在两边一会儿是茂密丛林，一会儿又是广袤草原的路上，能透过车窗看到在公路旁觅食嬉戏的野生动物。李捷和宁婷睡着了，我和其他队员却没有半点睡意，拿着摄像机贪婪地拍着沿途的风景。我们惊喜地看到了不时从旁边经过的、在昆明已经很少见的“标致505”的士。

纳满喀的经济极度依赖于旅游业，因为大多数去安玻塞黎（Amboseli）野生动物保护区的游客，都要路过此地，这里是肯尼亚和坦桑尼亚之间的边境要冲，过境口岸24小时开放，持有效护照的游客可在边境口岸办理落地签证。每天有2班公共汽车在内罗毕和阿鲁沙之间对开，车程只需约5小时。

路过纳满喀小镇时，我们看到了数不清的小摊点在叫卖各种各样的马赛手工艺品。我们还看见了当地最有特色的民族——马赛族。马赛人男性一般身披红色披风，手持木棍，女性则衣着鲜艳，佩戴种类繁多的首饰。

小镇旁边有一座大山名叫黑山，此山是当地土著居民马赛人心目中的圣地。从这里到东边的安玻塞黎保护区还有60公里的崎岖土路，只有越野车才能通行。非洲是越野车的天堂，双备胎是非洲越野车的一大特点。从内罗毕到纳满喀，一路上奔跑着各种款式的越野车，英国的经典名牌陆虎越野车在非洲比比皆是。近些年随着日本丰田越野车的渗入已把老牌英国越野车的市场挖走了半壁河山。在这里最为实用的是加长型观光越野车，车顶可掀起，乘客可以站在车中，尽情地观赏野生动物。坦桑尼亚是非洲的旅游王国，全国有11

内罗毕国家公园

内罗毕国家公园

个国家公园、10个野生动物保护区、50个野生动物控制区，总面积占国土面积的1/4。其自然景观壮丽多姿，风土民情古朴奇异。尽管旅游设施尚不完善，仅凭得天独厚的自然条件，1988年就接待游客9.6万人，外汇收入4040万美元。坦桑尼亚位于接近赤道的南半球，气候温暖舒适。除3～6月的雨季，游人可选择6～9月的凉季或10月至次年2月的热季到那里去旅游。

屹立在坦桑尼亚和肯尼亚边境线上的乞力马扎罗山是世界上最高的独立山峰，在海拔1000多米的草原上，也是非洲大陆最高的山。许多登山者都是冲着海明威笔下圣洁的乞力马扎罗山上的一捧雪，就不知天高地厚向这尊赤道雪峰进军了。据说只有不到30%的人能够最后登顶。

以前只在电视、画册上欣赏过乞力马扎罗山和非洲的风光，在我心目中，非洲是一片充满魅力与神奇的土地。我最近每天都在听非洲的音乐，那富有激情的鼓点让我兴奋，仿佛已经看到了巍峨的雪山、广袤的草原和鲜活的动物。我期待非洲之行，也相信我们此次的活动一定能够取得成功。

阿鲁霞

在经坦桑尼亚阿鲁霞小镇到墨西的途中，我们看到了若干家挂有可口可乐和“Sporteman”香烟广告牌的小酒吧，得知当地人最常喝的饮料和最常抽的香烟都是这些西方的“舶来品”。

马赛人的服饰很华丽

在非洲，人与动物的和谐程度令人惊叹，除了常见的鸟类，还屡屡可见一些大型动物，如斑马、长颈鹿、羚羊等等，悠然自得地在公路两旁觅食嬉戏；在途经的一个小镇上，我们甚至还看见一只鸵鸟漫不经心地在人群中散步。

墨西镇

墨西镇海拔970米，站在小镇的街上就能看见雄伟壮观的非洲第一高峰——乞力马扎罗峰。

在墨西镇，探险队员们充分感受到了这里的天气瞬间变换的特点。这里是典型的热带雨林气候，一会儿是晴空万里，一会儿就大雨倾盆。由于天气原因，虽然乞力马扎罗峰

马赛人

就矗立在不远处，但时常还是看不见她的顶峰。乞力马扎罗整个山体上下形成“天然披挂”的巨大反差：在海拔1000米以下为赤道雨林带，1000~2000米间为亚热带常绿阔叶林带，2000~3000米间为温带森林带，3000~4000米为高山草甸带，4000~5200米为高山寒漠带，5200米以上为积雪冰川带。几千米的垂直升降，展现了从赤道到极地的上万公里的水平自然景观，大概也只有乞力马扎罗山才能把这种植物带的垂直变化表露得如此具体而淋漓尽致。这其中，5200米以上的永久积雪，尤其使人们迷惑不解。因为这里几乎紧贴赤道，山麓气温可达50℃乃至更热，但山巅温度只有零下30℃甚至更低，山上有冰川下垂，甚至垂滑到海拔4300米附近，实在令人难以想象。

最适合攀登乞力马扎罗山的季节，是当地每年的两个旱季，通常在1~3月中旬和6~10月。当然，你也完全可以无所畏惧地行走在它的雨季。但这时的乞力马扎罗山，往往深藏在密密的浓云之中，泥泞的路途无疑会增加更多的艰难。除两个旱季外，从每年的圣诞节到新年，也是深受欧美人欢迎的旅游季节，因此这段时期，当地的消费也是比较昂贵的。

在适合攀登的季节中，1~3月的天气还有些寒冷，山顶的很多部分仍被白雪覆盖着，但天气晴朗，只是偶尔会有少许阵雨飘过，所以不失为一个值得选择且美景处处的季节。6~10月，是攀登乞力马扎罗的高峰季节，除了气候很适宜攀登外，还有欧美的很多公共假日也集中在这个时期，从而会形成了较大的登山流量。1991年，乞力马扎罗山国家公园管理机构做出决定，所有登山者的行程，必须经由当地拥有许可的登山代理来协助和安排，所有的登山者都必须在向导和肩夫的陪同下，完成其登山行程。

这里的一切都按部就班地慢慢完成。晚餐时，我们进到餐馆先坐在靠墙的一边，当陆续有游客入座后就很拥挤，坐在里边的人很难出入取食。于是我们问酒店服务员能否换座到中间空着的餐桌，服务员对我们说NO，并解释原因：这排桌子是准备明天吃早餐的。

曼德拉

到达曼德拉营地，喝着热茶或者咖啡，打开ipod，听非洲音乐，这是我们期待的最高享受。同时，我们对这里一个很深的印象便是非洲人的生活实在悠闲，就算是在爬山的途中，向导也不断地用斯瓦里里语对我们说“Pole，Pole”，意思是“慢慢走”。

不过，最让我们感到意外的要算是从墨西去曼德拉营地的途中，遇到一队香港来的登山队。这支登山队里几乎全部是“娘子军”，她们也打算攀登上乞力马扎罗峰，我们一群殊途同归的登山者还欢喜地合影留念了。

75万年前，乞力马扎罗山横空出世，它的诞生很像是地球的“剖腹产”：非洲大裂谷的地壳运动带来频繁的火山喷发， 基博、马文济、希拉3座活火山喷发后连成一体，构成了乞力马扎罗山。

早在1848年，德国的探险家克洛泊夫第一个登上了乞力马扎罗山，当他向别人谈起赤道附近有一座终年白雪覆盖的山峰时，根本就无人相信在赤道以南300公里处竟有终年不化的积雪。乞力马扎罗顶峰的积雪常年不化，甚至还存在着众多千奇百怪的现代冰川，这种现象引起了人们极大的兴趣。乞力马扎罗山虽在赤道附近，但由于主峰高耸云霄，越过雪线，一般气温在零下34℃，山顶终年白雪皑皑，寒冰覆盖，但在乞力马扎罗山的山腰上覆盖着一层肥沃的火山灰，这是种植咖啡、花生、剑麻和茶叶等经济作物的好地方。在山脚，气温可达摄氏四五十度，到处是热带森林，野生动物

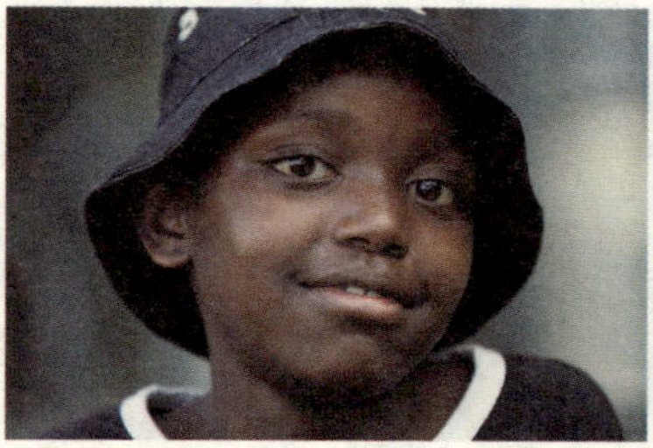

纯真的笑脸

着校服的孩子

公园里逗孩子们玩耍的小丑

纯真的笑脸

成群，呈现出一派热带风光。

当地时间下午16：40，我们抵达了海拔2700米的曼德拉一号营地。曼德拉营地建有十几栋三角形坡顶木屋，营地设施完善，房间内采用环保的太阳能节能灯，营地设有厕所、厨房、餐厅。每一位登山者到达后登记并领取房间钥匙，住宿十分方便。房间有多人间和四人间，大房间内放置高低床，营地不提供睡袋，登山者需要自带。

攀登乞力马扎罗山是每一位登山者的梦想，这座赤道上的雪山已经有100年的攀登历史，山上的设施十分完善，针对不同阶段的攀登者开辟了不同的登山线路，最为传统的要数被称为“可乐线路”的马兰古线路。马兰古登山线路共有3个营地，每个营地都建有舒适的山地小木屋，每位登山者只需背上睡袋、饮用水及相机，沿着专门供登山者行走的沙石小路即可安全抵达各个营地。在海拔1800米的乞力马扎罗公园门口，每位进山的队员必须注册登记，几天后返回此地时，成功登顶的可以获得金色的登顶证书，没有登顶的也可以获得一份绿色的登高证书。

我们的登山队员有4名，登山公司为我们配备了11名服务人员，每一位都有专门的分工。我们从山下1800米开始徒步行走7.4公里，海拔上升有900多米。乞力马扎罗的登山线路较为成熟，高山服务堪称一流，每年有超过2万人成功登顶。

从山下开始攀登时，坡度较缓，道路穿过茂密的热带雨林，种类繁多的各种热带植物构成了一幅景象万千的生态景观。几十米的高大乔木遮天蔽日，一些低矮的植物争奇斗艳，在这座巨大的动植物基因库中，一些弱小的生物也让你无法忽略。森林中最易攻击人的并不是凶猛的猎豹，而是毫不起眼的无处不在的黑蚂蚁，稍不留神，一只米粒大小的黑蚂蚁爬在你身上就让你不得安宁。行走中，我几次感到腿上刺痛，我以为是不小心碰到带刺的植物，后来不断的刺痛迫使我仔细察看，原来罪魁祸首竟是几只小蚂蚁。看来在丛林中，人与蚂蚁的较量是人落了下风。

放下登山包，宁婷和杨海东忙着整理今天拍摄的图片和新闻稿件。《都市时报》、《春城晚报》、《云南信息报》几乎每天都追踪报道我们的登山动态；云南电视台的新闻栏目及《民生关注》也每天对我们进行电话采访；云南广播电台《生活之声》、《和民说新闻》也每天连线我们做现场广播报道，远在万里之外的家乡昆明时刻都在关注着我们的行踪。所以，下午我们一到达营地就开始了紧张的工作，许多认识或不认识的人都通过媒体的互动参与到我们的活动中，我们走出国门攀登七大洲最高峰，徒步到达南北极点的这一活动正受到家乡父老愈来愈多的关注。

10月18日

一头扎进冰箱里

今日早晨8点30分，我们4名登山队员从曼德拉营地出发，穿越15公里长的高原草甸，下午3点到达海拔3700米二号营地火轮坡。

今天的路线比昨天长，也更为陡峭，但队员们的状态非常好，出发时向导问我们如果下雨是否继续前进，我们的回答是：“当然，就算下雨也要穿上雨衣继续走，我们不怕雨。”

非洲小孩喜欢中国功夫

途中我问向导，今天到达的营地是不是像昨天那样可以住小木屋，向导告诉我今天的火轮坡营地条件更好，风景更漂亮，我们可以住进更舒服的小木屋美美地睡一觉。

火轮坡营地在一块谷地上方，云雾就围绕在身边。到达营地时，已经走得很热的队员立刻感觉像扎进一台冰箱里，非常舒适。

我们的向导是三兄弟，老大喜欢中国功夫，老二喜欢学习中国语言。昨天在晚餐时，他们认为体格健壮的李捷一定会中国功夫，就要求李捷教他们几手，并用老二刚学的中国话“师傅”来称呼李捷。

身为云南地产领军人物的企业家李捷，曾服过兵役，当过8年防暴特警，多次出生入死，经历枪林弹雨的考验。李捷年轻时传奇般的经历练就了他处事不惊的坦然心态。

此次出发前，城建股份公司李捷董事长的下属曾打来电话，一再叮嘱叫我要照顾好董事长，而且还特意交代李捷的血压略偏高。看得出，这位企业家在员工心目中的位置是何等重要。

14年前，身为政府公务员的李捷放弃优厚的工作待遇，毅然辞职下海，用仅有的5万元打下了昆明地产的第一块基石，如今城建股份已成为云南地产行业一家实力雄厚的知名企业。

5895米的乞力马扎罗对李捷来说是一个全新的高度。每一位登山者都需要有一座起步的高峰，非洲之巅在李捷的登

非洲也有独轮车

宁婷讲解中国功夫

山生涯中无疑是迈向世界的第一站。

经过连续几天的长途行走却丝毫看不出李捷的疲惫，从2700米的曼德拉营地到3700米的火轮坡营地，再到4750米的基博营地，我们来自昆明的4名队员谈笑风生。每次向导给我们分发路餐时，李捷都把自己的那份鸡腿或鸡蛋分给杨海东，还不时地劝我们多吃点，俨然像一位兄长。

火轮坡营地上最常见的动物是一种体积很大的乌鸦，它们活动在木屋旁边，趁人不注意就跑进去偷能吃的东西，一旦得手立即撤离，躲在一块石头背后开始享受胜利果实。

整座乞力马扎罗山环境保护得很好，虽然每年有数以万计的登山者前来攀爬，但沿途完全看不见像国内旅游景点常见的塑料袋、饮料瓶之类的垃圾，一方面是因为每支登山队伍都跟有专门的人员在后面捡拾遗弃的垃圾，另一方面，登山者也都非常自觉地协助他们爱惜和保护环境。

10月19日

坦桑尼亚

打开地图可以看出，坦、肯两国的边界基本上是一条直线，只是在这里，才向东北作弧状弯曲，乞力马扎罗山的整个山体都被包括在坦桑尼亚境内。据传这当中还有19世纪英、德两国瓜分殖民地的一段“轶事”。据说德国皇帝为东非两座雪顶山（乞力马扎罗山和肯尼亚山）都落入英国手中而愤愤不平，于是，英国维多利亚女王 “大大方方”地把乞

云遮雾罩的乞力马扎罗

力马扎罗山作为生日礼物从英属肯尼亚划入了当时德属东非（即今天的坦桑尼亚）。这可能是世界上最大的寿礼了。

坦桑尼亚人把非洲最高峰在自己国家境内引为无上光荣和骄傲。1962年12月9日零时，也就是坦噶尼喀（坦桑尼亚大陆部分的旧名）宣布独立的时刻，共和国的一名青年军官高高地站在乞力马扎罗山之巅，点燃了手中的熊熊火炬，火光划破东非的夜空，在将近6000米的非洲最高点，昭告了一个新国家的诞生。也就是从这个时候起，乞力马扎罗山的主峰，正式更名为“乌呼鲁”。说来好玩，有好几次我都把“乌呼鲁”听成了“油葫芦”。

坦桑尼亚独立后，特别重视乞力马扎罗山及其毗连地区的开发、利用。在这里建立了同名的省，省会就设在南坡附近的莫希（Moshi）。1968年，划定以乌呼鲁峰为中心的乞力马扎罗国家公园，北、东两面直抵坦、肯两国国境线，面积广达756平方公里。南麓修建了机场，开通了连贯坦、肯两国的高级路面公路，尤其大力营建体育运动场所，完善攀山登顶的设施。数十年来世界各地来此观光、旅游、登山的各界人士络绎于道，不绝于途，乞力马扎罗山的名气，也因而越来越大。

10月20日

非洲大陆之巅

“乞力马扎罗”出自斯瓦西里语（东、中非最通行的“地区性国际用语”，为坦、肯两国的官方语言），原文Kilimanjaro。某些书中曾解释为“光明的山”，或“明亮的山”、“明亮美丽的山”。

今天我们将从火轮坡营地上到突击营地基博，登山路线上升坡度很大，计划9点钟出发，14点到达。攀登中，沿途基本没有高大植物，只有零星可见的低矮蕨类。年龄最大的队员李捷以稳健的速度向前攀登，第一个到达营地，而之前在前面猛冲的杨海东，在最后一个陡峭的上坡处不得不停下来休息。我们今天到达的营地叫做基博营地，海拔4700米。休息几个小时后，我们将在今晚凌晨12点出发登顶。

老外登山队

夜间的登攀

漆黑寒冷的夜空满天繁星，即使穿着防寒服冲锋衣，戴着厚厚的手套和帽子，凛冽的风还是肆无忌惮地往里钻，握着登山杖的手指因寒冷而麻木。我们4个人排成一条直线，挑夫穿插排在我们之间，大家靠着头灯照亮脚下的路。抬头向上望去，先前起程的登山者的头灯隐约闪烁着，宛如一条匍匐前进的“之”形长龙。

夜晚多雾，头灯仅能照亮几米的距离，除我之外其余3个人均无夜晚攀登的经历， 但这并不影响他们的攀登速度。持续几个小时的攀登让每个队员都显得疲惫，我行走在最后，缓慢的速度让我才走几步又停下来，反反复复几次的停顿，一阵阵睡意袭来让我觉得眼皮沉重，边走边睡，一路恍惚，每次迷糊之中感觉他们走远了才又急忙追上。

在基博营地已经可以看见乞力马扎罗的冰川，攀登线路也清晰可见，而且非常陡峭，有一处坡度甚至到了75度以上。对于今晚的冲顶，所有的队员都非常有信心。

乞力马扎罗山适合任何身体健康的旅游者攀登。基博上较矮的吉尔曼点是大多数长途跋涉者的目标，也是业余登山者的登山线路。在高山向导的带领下，登山者无需专业的器材或者登山经验就可以登上山顶。马温兹峰是那些专业登山者的最爱，沿途悬崖峭壁，十分艰险。这里还有另外几条登山路线，包括最容易攀登的玛郎谷和备受欢迎的玛查米、施拉、乌姆布维和荣盖。

登顶的4公里路主要是火山灰，坡度很斜，质地很松，脚踩上去后就会往下滑，像是走在沙漠的斜坡中，比前几天难走很多。大家走得非常细心，尽量用登山杖借力。“Pole，Pole”(慢点，慢点)，耳边不时响起向导们的叮咛。

我们低着头，顶着风，一个跟一个，按照前人的脚步缓缓挪动。不知走了多久，天开始泛白，每跨上一块大石头，都要调整几秒后再攀登下一块。“豹哥，我的大拇指不会动了。”杨海冬颤抖着说道。我急忙停下查看，由于没有专业的防寒手套，海冬的大拇指已深度冻伤，如不及时救治，后果十分严重。我帮他脱掉手套将他冻伤的手指送到自己的嘴边，先是呵热气回暖，后来又用双手反复搓揉。经过这番抢救，海冬的指头终于有了知觉。“你的手套不保暖，再戴还要出事，戴我的吧。”我把自己的防寒手套脱给海冬。曙光在东方破晓，天际出现大片的红色，早晨7：10，我们终于登上了高度5895米的峰顶，标志牌的文字非常醒目：“你现在正站在非洲大陆之巅……”

疲惫不堪的杨海冬埋头向前冲，也未看早已停下的李捷。“小杨，到啦！”第一个到达顶峰的李捷叫住了还在往前冲的海冬，杨海冬这才发现，在不到5米远的地方，乞力马扎罗海拔5895米的标志牌就屹立在冰雪中，杨海冬泪水一下就流了出来，李捷拥抱着这位年轻的记者：“终于登顶啦！”

我们在顶峰展示了五星红旗、奥运会会旗、昆明精神的宣传语、《都市时报》的旗帜……由于风雪太大，逗留了大约15分钟，在高山向导的催促下，我们开始下撤。在半山腰上，我们遇到了一队来自德国的登山队，队员全部由五六十岁的老头老太太组成，他们步履艰难地向上推进，速度慢得可比蜗牛。我们的向导凭经验告诉我们："这些人登不了顶。"他同时也祝贺我们登顶乞力马扎罗。

基博峰顶有一个直径2400米、深200米的火山口，口内四壁是晶莹无瑕的巨大冰层，底部耸立着巨大的冰柱。冰封雪盖，宛如巨大的玉盆。基博的最高点，同时也是乞力马扎罗山的最高点，是乌呼鲁峰。壮观的冰川让人心旷神怡。站在峰顶环视2万英尺下的非洲大陆，让人豪情顿生。

我回首仰望笼罩在云雾中的乞力马扎罗峰，心里想，其实人类从未征服过乞力马扎罗，每个登山者只是用脚步刷新着自己的极限，无论是否登顶，我们最需要突破的都是心中那座山峰。曾记得读海明威的小说《乞力马扎罗的雪》，书中描述在乞力马扎罗的山顶上有一只风干的猎豹，谁也不知道它为什么要到那里去。也许只有那只豹子自己才知道答案。

登顶时刻

10月21日

不断上升，不断突破

当地时间21日早晨8点，我们从火轮坡营地出发，下午3点到达乞力马扎罗公园门口，坐车返回墨西镇的酒店，至此，乞力马扎罗的攀登胜利完成。

下撤途中天一直在下大雨，但沿途可以看见很多国外队伍依然坚持在雨中向更高营地前行。我们庆幸自己在上山时没有遭遇大雨，要不然有可能无法登顶。我们在雨中步行走了7个小时，穿过2个营地，路程全长30公里左右，鞋子和衣服都灌进了水，快干裤也已经全部湿透。虽然大雨倾盆，但所有队员的心情都是轻松愉快的。从曼德拉营地到公园门口要穿越热带雨林，雨林里空气清新，大雨将所有植物冲刷得闪闪发亮，绿色让看了几天石头的眼睛得到了休息。

从公园门口到顶峰，一路上海拔升高，动植物都在变化，每一个营地就像一个分界点，将热带雨林、灌木、高山植被、苔藓类划分开。5天的攀登过程我们经历了从赤道到极地的变化，这就是乞力马扎罗的魅力。登山的魅力到底何在呢？“很多人都认为登山是出钱找罪受，我却把其中的痛

顶峰上的李捷

苦和折磨视为人生的动力和意志的磨练，征服自己的行为。只有热爱生命，对生活充满信心的人才能完成并体验其中的乐趣。”企业家李捷也是借登山完成个人修炼的人。出行之前，很多人都认为他疯了，放着好好的日子不过，非要冒着生命危险去登什么雪山。完成登顶后，李捷说他发现了自己的潜能，对企业的发展有了深层次的感受。李捷是第一次登这么高的山，面对新的高度，一开始他也有点担心，用他的话说，“是我自己海拔的突破”。

但出发后，他的表现却出乎队员们意料，不但在途中始终轻车熟路走在前面，第一个登顶，一路上还始终像个大哥一样照顾着所有队员，身体状态更像是一个老登山家，血压和脉搏比我的还好。队员们都打趣说他是健将级运动员，国防身体。当地的高山向导非常崇尚中国功夫，听说当过8年特警的李捷身怀绝技，就不停地抱拳叫李捷“师傅”，非要学几手功夫不可。可当李捷决定要教他几招擒拿作为回报的时候，向导却因为高山反应先抛下他撤退了，最终也没学到想学的中国功夫。

今天我们将离开乞力马扎罗，离开墨西小镇，返回内罗毕。在我们登上开往机场的大巴时，云开雾散，一直笼罩在云雾中的乞力马扎罗终于对我们露出她的全貌。大概这是她对来自遥远中国的登山者的祝福，我们在心里默默地向九大极点探险的第二站告别。

10月23日

探险有限，公益无限

“追求卓越、超越巅峰”全球九大极点探险活动，在内罗毕召开了首个国际性的新闻发布会，随后探险队的活动受到了联合国环境总署的高度重视。该机构宣传司官员不但在互联网上详细了解了本次探险活动的内容，还在第一时间将网站上的有关内容翻译成英文，在该机构的官方网站上发布。在我们成功从非洲之巅乞力马扎罗登顶归来后，他们还与我们进行了具体磋商。他们对我在攀登珠穆朗玛峰时，组织队员清运垃圾的环保行为，以及探险队在攀登乞力马扎罗时关注冰盖消融的态度表示赞赏。联合国环境总署的官员认为，“追求卓越、超越巅峰”全球九大极点探险活动，不仅是一项探险活动，更是一项宣传环保的非常有意义的活动。今后，他们将以主办单位的身份，参与到本次活动中。在联合国环境总署的牵线下，探险队的活动不但可以及时发布在该机构的官方网站，以不同的语言介绍给更多国家的读者，而且他们还将介绍环保、科学、文化界的知名专家做探险队的顾问，并在活动中及时通报世界知名媒体，争取让这个活动有更为丰富的内涵。

李捷从联合国环境总署宣传司司长艾瑞克手中接过该机构授予的旗帜时很是激动，他告诉我们：今后要通过全球九大极点的探险活动，把“关爱地球、保护环境”的主题传播到更多的人群中，让更多的人投身到环保事业中来。

接受联合国环境总署授旗

向南一度："登峰造极"

南极冰河世界

成功登顶乞力马扎罗以后，李捷因公务繁忙，不得不中止了他的登山计划，九大极点之旅只剩下了我一个人的身影。下一个目标是南极，这次的旅程很漫长。

文森峰真是世界上最寒冷的山峰，在这里，考验登山者的不是高度而是温度。

南极是我到过的最寒冷的地方，也是气温上升一度就温暖无比的地方。只身前往南极，体验了一周兴奋得睡不着觉的极昼后，我开始怀念黑暗的夜晚。陌生的语言和环境，让我忍受了足足47天的孤独。

——飞豹感言

南极洲——冰雪覆盖的高原，也被人们称为“第七大陆”，位于地球的最南端，四周濒太平洋、印度洋、大西洋，是世界上地理纬度最高的一个洲，同时也是跨经度最多的一个大洲。

南极之最：是人类最后到达的大陆；是地球上最冷的大陆，年平均气温零下50℃，最低气温零下80℃；是地球上最干燥的大陆，年平均降水量仅为30毫米；是世界上唯一没有国家的大陆。

南极洲的风也是独具个性的。冷空气从大陆高原上沿着大陆冰盖的斜坡急剧下滑，形成近地表的高速风。风向不变的下降风将冰面吹蚀成波状起伏的沟槽，风速超过15米/秒时，会形成暴风雪，伸手不见五指。即使是最温暖的月份中，风速也可达到每小时160公里以上。

南极洲最高峰——文森峰，海拔5140米，位于南纬78° 35′、西经85° 25′，是南极大陆埃尔沃斯山脉的主峰。文森峰山势险峻，且大部分终年被冰雪覆盖，交通困难；气候恶劣，常年低温，夏季气温也在零下40℃左右，有“死亡地带”之称。正因为其攀登难度，文森峰是世界七大洲最高峰中最后被登顶的山峰。

文森峰真正考验人的并非高度，而是极寒，需要队员超强的抗寒能力，零下40℃以下的气温，没有到过南极，真就想象不到世界上的最低气温到底是多少！

南极点就是南纬90°，这个点也就是地球上所有经线的南端汇聚点。南极点位于大陆的中部，海拔3800米。

2006年12月15日
彭塔阿雷纳斯

昨天晚上19：15，我从智利首都圣地亚哥起飞，经过3500公里的飞行，于北京时间12月14日24：00顺利抵达智利最南端的港口城市彭塔阿雷纳斯(Punta Arenas)。

飞机在当地是主要的交通工具，在从圣地亚哥到彭塔阿雷纳斯的飞行中，飞机“停靠”了两个站上下人，感觉像国内的长途巴士。在飞机上，我见到了一个黄皮肤女孩，这个女孩说她来自韩国，只身前往智利旅行，得知我此行要探险南极，她非常吃惊并祝我一切顺利。抵达机场后，没有看到接机的当地人，我把酒店名字告诉机场大巴的司机，乘机场大巴顺利找

彭塔阿雷纳斯的中餐馆

到了酒店。当地酒店虽然都不大，通常只有三层，但设施齐备、暖气充足，非常舒适，让人有种回家的感觉。

在酒店工作人员的帮助下，我很快联系上了负责这次探险活动的瑞典人马克。马克有丰富的南极探险经验，在和我一一核对了各项资料后，开始检查、清点我的装备。还好，我准备得很充分，从衣服、睡袋到防晒霜、护目镜，马克对我的装备赞不绝口，这些专业的装备完全符合南极探险的要求，唯一缺的只有之前已向马克预定了的极地保暖靴。极地保暖靴做工考究，采用GORE-TEX面料，具有良好的防水透气性，比登山徒步靴更柔软、轻便。在马克的红色探险旅行社，我试穿了这种有内层热反射膜的靴子，感觉非常温暖。有了这双靴子就不用担心脚在零下40多度的低温中冻伤了。

在红色探险旅行社的墙上挂满了关于南极的图片和一张巨大的南极地图，在地图上明显地标记出了文森峰和此次探

停泊在港湾的巨轮

险的路线。从旅行社可以俯瞰全城，这个不大的城市建立在一片绿草如茵的山坡上，家家都在房前屋后种有鲜花，越往上，风景越美。

装备检查顺利过关后，我走上了彭塔阿雷纳斯的街头。这是一个很安逸的城市，市民都很悠闲，学校下午四点左右就放学了，很多中学生成双成对。热恋中的年轻人全然不顾四周地亲吻拥抱。街心广场上，很多年轻人在玩滑板和小轮山地车。随处可见出售具有南极特色工艺品的小店，在夏季，旅游业是这个城市的支柱产业。各种肤色的游客尽情享受着南半球的和煦阳光，但除了飞机上遇见的韩国女孩，我没有再见到其他的亚洲面孔，结果，我成了名副其实的外来人。闲逛中，看到一家中餐馆，名为金龙饭店，作为昆明人的我，不由想起家乡的金龙饭店，感觉十分亲切。遗憾的是正赶上这家餐馆中午休息，只好忍到晚饭时再来光顾了。

从昆明到北京，北京到巴黎，又转机再到圣地亚哥，最后到达彭塔阿雷纳斯，25000多公里的行程绕了大半个地球，因为时差（当地时间比北京时间晚约10小时）和长时间的飞行，感觉有些疲倦，我得抓紧时间好好休息，调整时差和自己的状态。

豹走天涯·攀登

·第一个到达南极点的人·

1911年12月14日，挪威著名极地探险家罗阿德·阿蒙森历尽艰辛，闯过难关，终于成为人类第一个到达南极点的人。

阿蒙森从小就喜欢滑雪旅行和探险，他是世界西北航道的征服者，曾经三次率探险队深入到北极地区。1909年，当他正在“先锋”号船上制订征服北极点的计划时，获悉美国探险家罗伯特·皮尔里已捷足先登，他便毅然决定放弃北极之行的计划，改变方向朝南极点进发。

1910年8月9日，他在途中获悉，英国海军军官斯科特组织的南极探险队，也是以南极点为目标，早在两个月前就出发了。这对阿蒙森来说，是一个不是挑战的挑战。

1911年1月4日到达攀登南极点的出发基地——鲸湾，12月14日胜利抵达南极点。阿蒙森在南极点停留了3天。12月18日，他们带着2架雪橇和18只狗，踏上了返回鲸湾基地的旅途。

阿蒙森伟大的南极点之行，轰动了整个世界，人们为他所取得的成就欢呼喝彩。

12月16日

万事俱备

中午12：00，马克打来电话说也许下午能飞了，约好如天气好转2：30来电话通知。利用这段空闲的时间我把行李又做了一次精简。考虑到南极爱国者山营地气温较低，我把保暖防寒的服装理了出来，准备乘飞机时穿在身上。在马克这里订购的极地防寒靴也随身携带；风镜、防寒手套、抓绒帽抓绒衣、保暖内衣、防风衣裤等一大堆地放在床上，这些衣服得等出发时才穿上，现在彭塔阿瑞纳斯的气温还算暖和，大约15℃~20℃之间。

下午2：30分，马克来电话说一小时后出发，并特别交代要随身带好护照，要不然从南极回来无法入境，南极可是不需要护照的。这次与我一个团队的有一个来自美国圣弗朗西斯科的队员，能简单地讲点中文，从事心理健康的咨询工作，酷爱登山。当他知道我已经成功攀登珠穆朗玛峰及卓奥友峰时大为敬佩，我把自己正在进行的攀登七大洲最高峰和徒步南北极点的计划告诉他时，他立马说："明年你来美国登麦金利峰时我和你一起登。"我们俩便以击掌盟约这一古老方式约定了明年的麦金利之行。

下午3：40，南极探险公司的巴士来酒店接人，我们一行35人分乘2辆驶向机场。去南极的团队不多，每年最好的月份只有12月和1月，这两个月南极持续地被太阳照耀，持续极昼，没有黑夜。我们乘坐的飞机是一架苏联重型轰炸机改装的，没有廊桥通道，也没有悬梯，上飞机要攀爬一架陡峭的金属梯。

这可能是最为昂贵的航空舱位了，而用的飞机竟如此破旧，乘客只能直挺挺地坐在机舱两侧的简易凳子上，看着机舱里堆满的这次南极探险用的物质：燃料、行李。没有空

飞豹只身一人参加这次探险

乘，甚至连卫生间都没有。

4：50，飞机终于起飞了，我们不得不把耳朵用软泡沫塞住以减轻发动机震耳欲聋的轰鸣声。想必所有乘客都是第一次到南极，对于初次体验南极航班，都按耐不住地纷纷拿出相机噼里啪啦地拍照。

从彭塔到南极的爱国者营地，直线距离有3500公里，飞行时间为4小时30分钟。同行的队员有来自英国、美国、捷克、俄罗斯的，大多数队员都只飞到爱国者营地，在周围进行普通的体验旅行，去南极登山的队员只有4人。

巨大的机身经过长距离的滑行停了下来，后舱门缓缓地提升起来，所有的人都兴奋了，为庆祝飞抵南极的成功，大家同时鼓掌。透过后舱门终于目睹了南极特有的冰雪世界，这里正处于极昼阶段，虽然已是傍晚，但始终环绕地平线的太阳给人感觉还像是早晨。早已穿戴好防寒保暖服装的队员下到冰雪地面，踏上南极大陆对于在座的每个队员都意味着成就了自己的梦想。我终于来了，南极！

寂静的夜晚，不时传来其他队员的谈话声、雪地靴的摩擦声、帐篷拉链声……已经深夜2点了，可我躺在睡袋里全无睡意，也许是第一次亲临这块神秘大陆的兴奋，也许是梦想成真的喜悦，南极的夏天，太阳永不落幕。

12月17日

爱国者山营地

今天早上醒来急忙拉开帐篷门想看看南极的早晨有何不同，其实在南极早晚的阳光都一样的，昨晚睡前特意戴上眼罩，竟然一觉睡到了上午。

爱国者山营地的早餐很丰富，煎蛋、培根、火腿、麦片、奶酪、果汁、牛奶，选择很多。

这里每年固定在12月和1月开放，接待前来观光探险的旅客，差不多每年能接待500多位客人。营地常住人员约40人，主要负责南极客人的后勤，营地里还分设了生活服务、通讯联络、交通运输、生活垃圾处理、探险服务等部门，不愧是专业的南极探险公司。

营地智利籍美女工作者

在爱国者山大本营餐厅，在一本厚厚的留言本上我惊喜地看到了2005年曹峻他们的留言：

“这是我第二次来南极，ANL的服务非常棒，我希望第三次能带我太太一起来感受ANL的服务。谢谢！ 中国吕钟凌 2005/12/29"

"南极，一个神奇的地方，ANI帮助我实现了梦想。中国曹峻二00五年十二月二十九日"

"人总要有梦想，南极是一个寻找梦想的地方。钟建民 12.29"

想了想，我在留言本上写下这样一段话：

"向到这里的中国朋友们问好！我的南极梦想在此得以实现，这对于我本人乃至我的家人、朋友及那些关注我进行此次探险行动的人来说都是一件值得自豪的事。今年是我进行七大洲最高峰徒步南北极点正在实现的一年，到目前为止，我已经成功地攀登了珠穆朗玛峰（2006.5.14）、非洲乞力马扎罗（2006.10.20），相信此次南极之行亦能完成文森峰的攀登，并徒步到达南极点。

在此，我向到达过这里的中国朋友致以崇高的敬意，正是他们先于其他中国人抵达这里，给我带来深远的影响。同样，我也要向将来到达这里的所有中国朋友问候，祝你们成就了你们的梦想，愿你们的南极之行能给你们带来快乐！

南极，很容易找得到北的地方。

中国·昆明·金飞豹

2006.12.17"

12月18日

文森峰大本营

下午4点得到通知，可以飞文森峰大本营了。工作人员把队员的行李都安放在一架加拿大产的小型飞机上，爱国者山营地的机场路有两条，一条专门起降大型运输机，另一条是小型飞机专用。在爱国者山机场乘飞机不用机票，没有候机厅，也许队员们正在吃饭时就接到通知准备起飞。这里的一切行动都得看老天爷的脾气了。

第一次从高空俯瞰神秘的南极大陆，放眼望去一片苍茫，银色的冰雪覆盖着这块沉睡的大地，起伏的南极山脉在我们脚下掠过，偶尔能见到冰裂缝。

飞行了一个多小时，终于降落在文森峰的大本营，飞机还在滑行，我们同行的队员已经掏出相机对着窗外一阵猛拍。

文森峰大本营海拔2200米，是一块理想的营地位置，背靠文森主峰，两侧有高山围绕，向下远远地可以看见南极冰雪荒原。大本营早已有其他登山队伍了，住宿的帐篷都是搭建好的，接机的工作人员拉着船型雪橇把我们的行李装载上去。

大本营的气温比爱国者山营地要高多了，拉开帐篷，里面温暖无比，真不敢相信在南极我们也可以穿着单衣在雪地

听老登山家讲那当年的故事

上走动。与我同住一个帐篷的是来自美国圣弗兰西斯科的心理医生“空气虫”，他是土生土长的美国华人，能说一点简单的汉语，我呢也能讲少量英语，我们俩人经常用英语夹杂着汉语在交流。每次队长介绍活动注意事项后，他都非常热情地翻译给我听。

大本营厨师做饭的水准很高，我们吃过晚饭是21点了。几天过去，时差已逐渐调整到了探险队的作息时间，睡意阵阵袭来，我钻进帐篷衣服都未脱，拉条睡袋盖在身上竟一觉睡到了第二天。

群峰掩映着文森峰

12月19日

为40岁的男人干杯!

今天才知道，乘坐另一架飞机抵达文森峰的4位老人竟然就是人类首次攀登文森峰的健在队员。40年前，美国南坡登山队10位探险家在装备和技术都不成熟的状态下克服了诸多困难，成功登顶了文森峰。今天我们的攀登线路就是这4位可敬的老人在当年勘探出来的。

几位老探险家雄风不减，他们住的帐篷都是自己搭建，并在宿营帐篷旁挖了一个大雪坑，用雪铲挖出了桌子和凳子。雪坑挖好后在上面支起撑杆，盖上防水篷布，一个非常舒适的餐厅就搭建好了。

在这个新建的餐厅与4位老探险家共进早餐，席间几位老人兴致勃勃地回顾了当年首次攀登文森峰的情景，有3位老人为了这次重返文森峰还特意找出了当年攀登时穿戴过的服装和靴子，这次重返文森峰是为了40年前的约定。当年经历生死考验的10位队员有4位已不在人世，另外2位因年事已高不便行动而未能参加这一历史的见证活动。为了纪念人类攀登文森峰40周年，美国的一家电视公司特意策划组织了这次活动，随行的记者用摄像机进行全程记录。

他们对于中国人来说也许很陌生，但对于爱国者山营地

1996年他们4位首次登顶了文森峰

70多岁的老登山家在攀登途中

训练途中

和文森峰大本营的登山者来说，与他们相遇几乎都会惊喜得尖叫。在这里他们是真正的明星，当然也少不了索要他们的签名和争相与他们合影拍照的粉丝。

午后，向导带领我们3名队员做适应性训练，今天的目标是营地旁海拔3100米的一座雪山。向导要求队员间保持5米的距离，并用8毫米的组绳扣上防止滑坠。随着高度上升，坡度也越来越大，我们在南极的低温里却热得直冒汗。

周边的景色比起单调的南极荒原要丰富美丽得多，在这里连天上的云都有种独特的柔情，一丝丝淡淡地、轻柔地漂浮在湛蓝的天空中，让人觉得时间像是停止了。

3个小时后我们成功登顶了，向导说，看这次训练，我们登文森峰不会有太大困难。在顶峰稍做休息，喝着保温壶里的茶，欣赏远处的景色，万籁俱寂。如果不是亲身来到这里，也许想象不出这里最纯净的空气、最纯净的水、最纯净的天空……总之，一切都纯净得没有任何污染。

闲聊间，大家相互问起多大岁数，结果4人居然差不多大，都是40多，我们开心地举杯欢呼：为40岁的男人干杯！"空气虫"问我登完文森峰后回家吗，我说我还要去极点，他指着我哈哈大笑：你有神经病，我们都有神经病。他登完文森峰后就回美国了。

12月20日

化雪品普洱

南极的冰雪是最为纯净的，我们每天用水都是就近取帐篷外的雪来化水，没有任何异味也无杂质。用南极的水冲泡我从家乡带来的普洱茶别有一番滋味。我算不上是普洱专家，但为了体会一种完美的品味意境，我拿冰镐专门敲了一块晶莹剔透幽蓝色的玄冰，回到营地后拿锅慢慢化掉，也许是冰冻得太久，足足等了20分钟才终于沸腾。静静啜饮泛着家乡气息的陈年普洱茶，岁月的沉淀酝酿出醇厚甘甜的味道，我沉浸其中。

化雪品普洱

向导大卫

中午吃过午饭，领队要求每个队员整理装备，除了要背自己的个人装备还需要分担公用的物资，如燃油、食品、帐篷等。领队给每人配发了一个塑料船型雪橇，行走时用两支手杖助力，行走起来较为吃力。早期南极探险曾使用过马匹和雪橇犬来拉雪橇，但到了1984年禁狗令实施以后就不再使用了。

连续5个小时的雪地越野拉力，我们在下午6点钟抵达了一号营地，海拔3100米。营地后面耸立着一座巨大的山峰，远远地透出晶莹的顶峰，我问向导那是不是我们要攀登的文森峰，向导说不是，文森峰还在这座山峰的后面。看来，文森峰并没有想象的那么容易攀登，也许更大的挑战还在明天。

12月21日 到达二号营地

一号营地到二号营地正常攀登需要6小时，高山向导伯瑞尔率先在前，"空气虫"和我在后面，我们拖着雪橇才行走了1小时就已无法再用雪橇了，前面突兀的一座陡峭的雪山，地形有些像珠峰北坡的北坳，坡度太陡。在这里放下雪橇，背上登山包，在登山靴上扣好冰爪，手攥着冰镐，从这

自己建造营地

里到二号营地直至顶峰，真正的冰雪攀登从现在开始了。

来自苏格兰的高山向导伯瑞尔有着丰富的登山向导经验，曾多次到过中国登山，甚至还会讲几句简单的汉语，今年已有46岁的伯瑞尔在中国攀登过新疆的慕士塔格峰（7546米）和西藏的卓奥友峰（8201米）。作为一名职业的高山向导，伯瑞尔已服务过十几个国家的登山队员，性格倔强的伯瑞尔在审查队员资历上是很严格的，昨天曾有一名来自日本的渡边一郎，要求加入我们的团队（因渡边一郎原来的团队集体队员放弃登顶），伯瑞尔看了渡边一郎的登山简历后拒绝了他的要求，这可急坏了这位日本人，要知道能报名参加文森峰登山队可是费用不菲的，不甘心丧失这次登顶机会的渡边一郎苦苦哀求，甚至提出可以额外再增加费用，但伯瑞尔仍然一口回绝了

飞豹与向导伯瑞尔

他，说这不是钱的问题，主要是要考虑到队员的资历和已经登山的经验，这是为了充分保证队员的安全。

在攀登途中，天气突变，刚刚还阳光灿烂，转眼就乌云密布了，气温骤然下降，拿着冰镐的手指被冻得生疼，不时需要拍打手掌或搓揉手指才能防止冻伤，从防水透气的登山服渗透出的热气已凝结成一层薄冰霜挂在胡子上，为了早些时间赶到二号营地，我们在路途上停留的时间很少，有时候碰到一些深不可测的冰裂缝时，伯瑞尔会提醒我们要小心通过。下午5点，我们一行爬上一块相对平整的雪地台阶休息，前方50米处隐约透出一组五颜六色的高山帐篷，伯瑞尔说那就是二号营地了。谢天谢地总算到了。原想到营地之后就即刻钻进帐篷里避一避这难受的寒冷，谁知到了营地后，伯瑞尔说我们还要自已搭建帐篷，于是大家顶着疲惫同心协力地开始挖雪坑，架帐篷，并在帐篷四周垒起一堵半米高的雪墙以挡寒风。

折腾了半天，好不容易才把帐篷搭好，我钻进帐篷取出羽绒服赶快穿在身上再套上羽绒裤，整个人缩在羽绒睡袋里，牙齿还不住地直打颤，就这样躲在帐篷里好一阵才稍微暖过来，真是不到南极不知道这个世界有多冷。

此时，伯瑞尔在他的帐篷里已为我们化雪烧水，准备晚餐。晚餐吃的全是登山专用的快速食品，胃酸过多的我几天都吃这些食物，肠胃已隐隐作痛，真想吃一顿又辣又热的川味火锅啊！

12月22日
环保登山

早晨，摘开眼罩，急忙拉开帐篷，天气还未转好，看来今天只得待在二号营地了，"空气虫"睁开眼睛后坐起身子，身上还套着羽绒睡袋就指着帐篷，用刚学会的汉语说：帐篷、靴子、手套……每天我们都在互相学习身边用具的英汉词汇，在登山过程中人与人的交流可以增进相互的了解。通过几天的相处，我和这位来自美国的华人已无话不谈，每天我们同挤在一个狭小的空间里，谈着自己的家庭、自己的工作，当然谈得最多的还是登山。"空气虫"喜爱登山、滑雪，每年他都为自己的户外生活做计划。

在南极探险，环保尤为重要，我们每天产生的生活垃圾都要带回大本营。从大本营出发时领队就分给每位队员两套收集粪便的专用塑料袋，塑料袋分两层，内层用来接收粪便，袋中撒了有除臭功效的消毒粉，外层是一个密封袋，可防止排泄物溢出。每位队员都严格遵守南极环境保护规定。南极的环保措施非常值得我们学习，目前国内登山管理制度还有很多缺陷，尚待完善，有许多山峰的环保管理还处于空白状态。中国将来必定会成为一个登山运动普及发展最快的

文森峰攀登

国家之一，如果登山环保管理不当，必将造成人为的损害生态环境。

下午，太阳从云雾中透出了光晕，风速减弱了，帐篷外的气温也升高了，人们在帐篷里甚至可以着单衣了。文森峰的天气真可谓变幻无常。

瞭望营地前方的巨大雪峰，近在咫尺，从这里到顶峰垂直高度还有800多米，洁白晶莹的雪峰仿佛一座奖杯，等待着奖励成功登顶的获胜者；而每位不畏艰险的攀登勇士都梦想着前来摘取这一胜利的桂冠。

来南极之前，曾经向到达过南极的王石和曹俊请教那里的探险秘籍，他们都把自己攀登文森峰和徒步南极点的宝贵经验传授予我，至今在中国完成"7+2"探险活动的人已有5人，我此行的南极探险可以说是我"7+2"活动的第三个项目。

从昨天抵达二号营地到现在，我们几乎都躲在帐篷里，除了偶尔出去方便一下，方便时还得携带收集粪便的袋子。二十几个小时的帐篷生活单调而枯燥，原本还可以听听音乐，到后来apple的电池也耗尽了，又没有可读的书籍，只能睡觉。每次睡醒后睁开眼睛都是白天，太阳时隐时现，看来明天登顶会是个好天气。

下午2：10，有一支登山队艰难地攀爬到了突击营地，让人想不到的竟然是来自美国登山俱乐部的老探险家队。几位曾在1966年登顶文森峰的主力队员浑身挂满雪霜，背着登山包正一步一步缓慢地前行着，看来这几位老英雄此行还要再次登顶文森峰了。想不到40年的约定，今生已成现实，文森峰因为有他们代表人类的首次攀登而闻名世界，此后几十年来，所有的攀登者都是沿着他们当年开创的登山线路攀登的。

12月23日 成功登顶

今天的天气出奇的好，仿佛是专门为我们登顶而准备的，同行的二位队友和我一样为这些天的到来等了好长时间，来自英国伦敦的卡勒斯是惠普公司的电脑工程师，今年43岁了，还未成家，除了工作外，卡勒斯最钟情的就是登山了，每年的钱几乎全部用于登山上了。攀登世界七大洲最高峰一直是卡勒斯追求的梦想，这次来南极攀登文森峰是卡勒斯七大洲登山计划的第六座山峰，如文森峰登顶成功，2007年5月攀登世界第一高峰——珠穆朗玛峰将是卡勒斯登顶七大洲最高峰的最后一站。

来自美国圣弗兰西斯科的“空气虫”有丰富的滑雪经验，收入丰厚的“空气虫”为攀登南极的文森峰在美国购买了全套崭新的登山装备。虽然长着一副中国人的面孔，但骨子里却是地地道道的美国人，有时他说自己是个中国人，我马上反驳

飞豹和美籍华人"空气虫"

他：我，中国人。我用手指拍打着自己的胸口又指着他说：你，美国人。听我说后他哈哈大笑说：为什么？为什么？

上午出发的时候，我们高山向导大卫，特意交代我要跟着他并用8毫米的组绳把每个队员连接起来。这是规范标准的登山安全措施，这位来自苏格兰的登山家，性格热情奔放，工作细致认真，通过几天的交往，他深知我喜欢喝茶，每天他做早餐时都会为我沏一壶茶，今天从他给我的名片上我才得知，2003年大卫就已经成功地攀登了珠峰。

从海拔4100米的二号营地到顶峰需要经过危险的冰缝区，沿途不断经过大小不一的冰裂缝，大卫就用手杖把表面的浮雪刨开，让冰裂缝看得明显些，并用随身携带的标识旗杆插在一旁，那情景让我联想起儿时看的《地雷战》鬼子探地雷的情形。多亏大卫对文森峰登山线路的熟悉，我们紧随

飞豹顶峰英姿

一览众山小

其后小心地行走。

大卫说：这里的冰裂缝每天都有变化，因为冰川的移动会改变冰雪表面的状态，从二号营地出发5小时后，海拔不断上升，文森峰主峰终于呈现出她那神秘的身躯来了。文森峰山体巨大，周边一次分布着十几座比文森峰低矮的山峰，如众星捧月般把俊俏的文森峰高高地托举而起。在还未见到文森峰顶峰之前，我们接连翻越一个又一个的雪山台阶，每次见到前方耸立的雪峰我都好奇地问大卫："这是文森峰的主峰吗？"大卫总是摇头说："NO！"

接近文森峰顶的线路越加陡峭，巨大的冰雪坡面呈45°，就是借助登山靴捆绑的12齿轮的冰爪和手中的冰镐行走在这里还是感到很艰难。距离顶峰100米处有两条攀登路线，一条陡峭艰难，一条稍缓而漫长，高山向导深知我们3个队员都是登山的高手，故特意带领我们从最为陡峭的一条

我登顶了

视镜中的峰顶

线路攀爬而上。大卫从我的手中接过数码相机不时给我们拍照，对于这个资深的高山向导来说，在这艰难的历史时刻拍摄记录下队员的攀登动作是多么的难能可贵！接近顶峰这一段路程最为险峻，大卫攀登在我的上方，不时地回过头来叫我："金"，等我抬头一看，"咔嚓"一声，他已把我在文森峰的身姿拍了下来。

下午，北京时间4：45，经过7小时的攀登，我们一行4人终于站在了海拔4897米的南极第一高峰文森峰顶上了。文森峰，这是成就了我又一梦想的寒冷的山峰！

此时此刻，天气显得如此的温柔，风小了许多，我极目远眺，文森峰周围山峦起伏，浮云从头上飘舞着，真如仙境。

我把随身携带的旗子一一展开拍照，国旗、2008北京奥运旗帜、联合国环境总署旗帜，以及活动主办单位城建股份的标志旗帜等。

12月24日

感　动

从二号营地下撤时，“空气虫”把帐篷的里里外外搜了个遍，当我正在寻找配发给我的方便袋时，听到“空气虫”说：“金，你的方便袋我帮你背上了。”我一听忙说：“不用，我自己来背。”“空气虫”接着说：“没关系，我已经装好了。”面对他的真诚，我只能说声谢谢！一路下撤时心中一直都非常感动，真的觉得这位美籍华人队友让我更多地体会了互助互爱的重要和温暖。

豹走天涯·攀登

·禁狗令·

南极大陆可以说是全世界唯一没有狗的地区。"国际南极条约组织"出于保护南极环境的考虑，1991年在西班牙马德里发布南极禁狗令：狗不宜再引进南极大陆和冰架，南极区域所有的狗都要在1994年4月前离开。遵照禁令，各国南极考察队员只能依依不舍地送走犬只，与带来欢乐和情感慰藉的爱犬们说再见。所有的犬只于1994年初就全部撤离南极地区。此后驻扎在南极的各国考察研究队伍再没有任何的犬只陪伴。

在南极发展研究勘探史上，狗发挥了重要的作用。但是随着机械化水平大幅度提高，狗只剩下当人类宠物的功能。

到目前为止，所有的相关国家都遵守禁令，做到南极无狗的要求。

五星红旗在这里飘扬

豹走天涯·攀登

·风极·

在南极，除了严寒之外，狂风是科考探险人员另外一个天险。狂风会很快带走人体的热量，使人发生冻伤甚至冻死事故。极夜的风暴，其速度有时超过每秒40米，比12级台风凌厉得多。一般来讲，只有在太平洋上热带风暴(台风)可以达到12级，但是在南极，12级以上的暴风却是家常便饭。南极大陆是风暴最频繁、风力最大的大陆，风速在每小时100千米以上的大风在南极是经常可以遇到的。南极大陆沿海地带平均风速为每秒17~18米，而东南极大陆沿海一带风力最强，风速可达每秒40~50米。在法国南极观测站"迪尔维尔"曾测到每秒100米的大风，相当于12级台风风速的3倍，而它的破坏力相当于12级台风的近10倍。这是迄今为止世界上记录到的最大的风。因此，南极又被称之为"风极"。

12月25日
圣诞狂欢

在大本营，一觉醒来，已到了圣诞节，大卫特意翻箱倒柜地找出了几样储藏的食品，说是要给我们大家做一顿圣诞大餐。大卫不仅是一名优秀的高山向导，而且还是一位厨艺超群的烹调高手，鲜嫩的鸡扒，香甜的花椰菜再浇上浓浓的奶油调汁，菜一出炉，我们这群来到冰山上的人顿时便狼吞虎咽起来，当然，少不了还呷一口最近一直都没落下过的智利红葡萄酒啦。

下午，爱国者山营地派出小型飞机把我们接回了营地。

在冰原上过圣诞节

12月30日

只能等待

下午，爱国者山营地的2架小飞机同时出动，前往南极极点接应一周前就出发徒步探险到极点的9名印度队员。

爱国者山营地的生活简单而舒适，每日三餐，厨师精心烹饪的饭菜，香甜可口，营养丰富，富于热量，几道常见的菜中牛肉浓汤是最受欢迎的。每天呈上的是不变的煮三文鱼片。在中国价格不菲的三文鱼片换到这儿简直成了家常便饭。来自澳大利亚的专业厨师戈文用营地储备的几种食品，

飞豹的圣诞礼物

每天轮换着制作不同的菜肴，戈文不但会做西餐，也会做中餐，叉烧肉和炒饭做得真算得上一流。

留守营地的工作人员有美国人、英国人、澳大利亚人和智利人，几天的营地生活把原本艰难紧张的探险生活一下子变得懒散起来了，每天除了吃就是睡的，不过也只有在这种地方才能享受到这样难得的慵懒和舒适。

在营地里，每到吃饭时间是最为热闹的，最多时30多人把餐厅的大帐篷挤得满满的。在这里最好的交流时间就是吃饭的时候，队员与队员的交流、队员与工作人员的交流。各人的饮食习惯有所不同，欧美国家人偏重吃面包和黄油，我则喜欢每天的三文鱼片。欧美人饭后都喜欢来点甜点，然后再冲上一杯咖啡什么的；印度人饭后喝的是奶茶，而我只喝茶。

今天是从文森峰撤回爱国者山营地的第七天了，每天都在等待从彭塔阿瑞纳斯来的飞机，只有参加徒步探险极点的队员都来齐，才能决定我们极点探险出发的时间。我问此次的领队大卫："我们要哪天才能出发？"大卫抬头望了望帐篷外的天气说："风太大，飞机进不来。"看来大卫也不知道何时飞机才能进来。南极这块孤独的大陆，人们想进来不容易，想出去时还得有耐心地等待，大多时候只能是听天由命。

豹走天涯·攀登

·南极的气候·

每年最好的月份只有12月和1月，因为这两个月南极持续极昼，没有黑夜。

由于海拔高，空气稀薄，再加上冰雪表面对太阳辐射的反射等，使得南极大陆成为世界上最为寒冷的地区，其平均气温比北极要低20℃。南极大陆的年平均气温为零下25℃。南极沿海地区的年平均温度为零下17℃~20℃左右；内陆地区年平均温度为零下40℃~50℃；东南高原地区最为寒冷，年平均气温低达零下57℃。到现在为止，地球上观测到的最低气温为摄氏零下89.6℃，这是1983年7月在纽西兰南极观测站"万达"记录到的，在这样的低温下，普通的钢铁会变得像玻璃一般脆；如果把一杯水泼向空中，落下来的就是一片冰晶。

爱国者山营地的雪屋

南极的夜，太阳仍然悬挂在天空

2007年1月1日 新　年

没有几个人能体会我在南极大陆孤独的迎接2007年新年第一天极昼阳光的经历。太阳24小时不停地悬挂在天空，随着地球的自传呈360° 的转动，从白天到白天，时钟指向2006年12月31日23：59的时候，最后一秒迎来了新的一年的到来。午夜耀眼的阳光散发着温暖的光芒，爱国者山营地为新年的到来，显出了节日的气氛。工作人员在大帐篷内悬挂了五颜六色的气球，厨师们忙活着烹调可口的新年大餐。

来自印度的极点探险队9位探险人员，美国文森峰登山队的8位队员，以及爱国者山营地的20多位工作人员，加上我这个唯一来自中国的人，我们一起共同度过了一个难忘的新年。香槟喝了整整一打，红酒若干，晚餐从2006年一直吃到2007年的凌晨2：00左右。

早晨醒来，阵阵呼啸而过的风拍打着帐篷，又是一个起风的日子。今天的风要比往常的猛烈些，毫无疑问，今天是不可能有飞机来了。在南极，这样的天气我们早已司空见惯。

现在，我们唯一要做的就是继续等待。

1月2日

2007年的第一次洗礼

蒙·塞拉提，爱国者山营地最美的美女，来自智利圣地亚哥，2005年大学毕业后应聘到爱国者山营地工作。蒙·塞拉提性格活泼，工作认真，在营地作厨房助理，洗洗刷刷的工作让蒙·塞拉提做得井井有条。在工作之余，心灵手巧的蒙·塞拉提会安静地完成她未来的嫁妆之一——挑花刺绣。

尽管驻守在拥有世界上72%的淡水资源地，南极这块天然水库同时也是世界上最为干燥的地方之一，在这里空气中的水分含量和撒哈拉沙漠相差无几。自从进入南极半个月以来，我一次澡也没洗过，我们每个人的生活用水都要靠化雪烧水。爱国者山营地到是24小时都提供热水，我躲进帐篷美

营地帐篷

美地洗了个头，这算是2007年的第一次洗礼吧！

下午，风渐渐弱了，气温有所回升。只有在南极，人体对温度的反应才显得几度的温差就足以让人感到无比的温暖。

趁着风势减弱，营地指挥果断地派出飞行员驾机前往文森峰大本营给还在那里驻守的3名工作人员进行给养投放。富于极地探险经验的大卫，在发现天气好转时，也即刻着手准备到极点的装备和食品。

大卫特意给我配发了两幅雪橇：一幅长雪橇，适合平地快速滑行，另一幅短雪橇则用来应付崎岖不平的雪地。对于我这个来自亚热带地区的人来说，滑雪并不是一件容易的事。几天后徒步极点都得用雪橇，这下要考验我这几天练习的水平了。

来到南极已经有半个月了，可以说每一天都有一种新体验。在爱国者山营地停留的近10天，我接触了不同肤色、不同国家、不同团队的人，每个人都有自己特别的探险经历，甚至在他们各自的国家和城市也都是探险界的著名人物。

营地美女工作者争分夺秒绣嫁妆

营地的小飞机

在南极，感受这块严寒大陆不化的冰雪，24小时的太阳，肆无忌惮的狂风，上周就整整刮了6天的大风。碰到这种天气，队员们能做的事就是等待，想进来的团队无法进来，想出去的队员就在营地里度日如年了。日子待久了，营地就像一个大家庭，来南极实现梦想的人们在这里汇集、停留，为这荒芜的冰原带来生气和欢乐。

在爱国者山营地有很多描写南极探险的书籍，一些南极探险家把自己的经历记录下来，整理出书，这些书影响很多人又来到南极实现他们的梦想。最悲壮的莫过于用1911年最伟大的南极探险家斯科特的南极日记和照片整理成的《THE SHACKLET ON VOYAGES》，这是一部让我爱不释手的书。

在极昼的这些日子，有时凌晨醒来看见太阳高照，恍惚间无法辨别身在何时何处。这块大陆有太多的经历让我魂牵梦绕。

1月4日

南极体验

吃晚饭时，营地指挥夏普推门进来，表情严肃地传达了一个不好的消息：今天彭塔飞往爱国者山营地的运输机起飞时发生故障，维修需要5天时间。

这是个无奈的消息，在南极真的需要耐心来面对随时可能出现的等待。

每天的菜肴必有的一道是三文鱼，生三文鱼片，煎三文鱼块，煮三文鱼，奶汁浇三文鱼，多味汁浇三文鱼……吃到我现在在餐桌上都远远地躲着三文鱼！真怀念家乡的饭菜。

家人知道我还停留在爱国者山营地，都一个劲地安慰我，让我趁此机会，好好享受南极的日子。

享受也许是南极以外的人向往的美好景象吧。身处南极更多的是一种体验，体验在这块孤独大陆的生活，体会冰雪世界的严寒，感受100年来那些不畏艰险的探险家是在怎样的环境下用生命的代价去探险。今天，我们身为普通人也能亲临这里沿着他们探索的足迹来追寻梦想，没有他们的开拓，我们今日的探险不会如此周详。

1月5日

庆祝生日

早晨起床，天气阴霾，空中飞舞着细小的雪花。来到大帐篷内，早餐已经准备就绪，人还不多，我泡上一杯茶，正想好好享受这一刻的清静，这时听到帐篷外传来一阵吐痰声，而且由远及近，未见其人已闻其声。我想肯定又是那个印度德里来的队员，几天前就是他曾打开大帐篷的活动窗毫无顾忌地吐痰，如此举止让在座所有人大为惊愕。

庆祝雅戈40岁的生日

凌晨降落的俄罗斯飞机

今天能花费得起数额不菲的经费来到南极探险的人都不是等闲之辈，他们所代表的不仅是个人的形象。到现在，在南极让我心中不快的就是这个印度人乱吐痰。

好消息是营地总管胡兰像我们披露了在营地最受欢迎的场所——沐浴室。可能是考虑到我们滞留此地时间太长，特意开放了原来仅限工作人员使用的洗澡间。为此，我们每个队员领到了一条大毛巾和一块小香皂，洗澡每人限量使用一个5升的塑料便携式沐浴袋，而且得先报名。胡兰问我何时洗澡，她帮我预定，我一看已经排了七八个人了，就想等等再洗。在南极能洗个热水澡真是不敢想象的享受啊，何况我还要完成剩下的徒步极点活动，停留的时间要比其他队员还久一些。

今天营地里还迎来了工作人员雅戈40岁的生日，为了给雅戈一个特殊的生日礼物，蒙·赛拉提午饭后就自己动手从一些杂志上剪下美女与烛光的图案拼贴成一幅别致的生日贺卡，并让所有人分别签上生日祝福语，这也许是雅戈收到的来自最多国家祝福的礼物了，厨房也专门为他做了个生日蛋糕。全世界能到南极的人不多，能在南极庆祝自己的生日更是一种缘分，我们都沾了雅戈的光，饭后甜点上的是生日蛋糕。

凌晨1点，阵阵直升机引擎声由远及近地传来，爬起来一看，两架俄罗斯大型直升机正缓缓降落在营地旁，这么晚了不知是什么人到此，周围方圆几百公里内到是有几个科考站，俄罗斯站距这里有400公里的距离。

1月6日 "Made in China"

在南极洗澡真是惬意，用于沐浴的帐篷大概有8平方米，有2套液化气烧水，2个单独的沐浴间。用的水是雪溶化的，洗澡间里备有装雪用的大塑料箱，每个洗澡的人用完水后都要到外面铲雪补充。洗澡间里很暖和，不管怎么说，这是我在2007年第一次洗澡了。

在南极，营地里许多物品都是中国生产的，也许因为我是中国人，其他队员一看见有“Made in China”字样的东西都要拿来给我看，有穿身上的户外用品，甚至还有洗澡间的沐浴器，他们那种眼神怪怪的，好像世界上什么都让中国人制造了似的。我说不出是自豪还是满足，现在满世界的“Made in China”，虽然都没有太多的科技含量，但远在南极每天都能接触和使用到中国制造的产品，看来中国已经成为世界上最大的产品制造国了。

1月7日

滑雪练习

今天大卫安排我越野滑雪训练，线路是围绕爱国者山进行长距离行走。出发前，大卫说，绕行爱国者山需要大约10小时，有20多公里，今天的训练主要是考验我的耐力和化学水平，因为几天后徒步南极点全程都需要使用雪橇来行走。对于生长在南方的我来说第一次使用雪橇还是在几天前大卫临时指导下才学会的。初次绑上雪橇连步子都迈不开，一走

飞豹滑雪

冰原景致

就摔跤，连续摔了几次才逐步掌握一定的技巧。经过今天的适应性训练，已经基本能放手行走了，偶尔遇到一个斜坡也能顺溜地滑行下去。

在南极滑雪，不像正规滑雪场那样有专门的坡道，能快速地滑行，南极大陆上覆盖有厚厚的冰层，表面是积雪，风就像雕塑大师的刻刀，随心所欲地把冰雪雕塑得千奇百怪、凹凸不平。脚上的雪橇基本上起到垫平道路的作用，就是靠着这双雪橇我要在这块冰雪地上重新学习行走。

我跟随大卫身后，持续行走了2个小时，连续不停地运动，浑身大汗淋漓，好在身上穿着排汗内衣裤，外套又是透气防风面料的冲锋衣裤，身体排出的热气才能得以渗出。如没有良好的排汗透气服装，非常容易着凉冻伤。在滑雪训练途中，大卫根据不同的冰雪路面指导我学会用不同的方法来行走。大卫不但是专业的探险家，而且还不愧是一名出色的滑雪教练。大卫几次停顿下来问我是否要休息一下，我都信心十足地回答说："NO！"虽然在速度上我还赶不上大卫，但坚持练习了3小时后，大卫也累得在前面停了下来。乘着片刻的休息，我吃了三块巧克力饼干，一口气喝了半升热水。在南极只要有运动消耗就很大，野外寒冷，身上得穿上保暖性能极好的服装才行。一运动就出汗，身体中的水分散失得很快，所以得大量喝水补充体内的水分。

从营地出发，环绕爱国者山行走一圈可以感受南极不同的地貌特征:有大冰盖，有岩石裸露的山峰，还有起伏不断的

冰原景致

冰雪地。大卫说："能走下爱国者山的一圈，走极点就没问题了，到极点起码要走20多公里。"

下午19：00，经过9小时的长途越野滑雪，我和大卫终于走回了营地，这是我有生以来第一次用雪橇行走得最远的一次。对我的到达，早先抵达帐篷的大卫伸出大拇指说："金，very good!"

傍晚，飞来一架俄罗斯飞机。几名穿着厚厚羽绒服、胸前挂着照相机的俄罗斯客人走进我们的大帐篷，那神态一看就知道肯定是第一次抵达南极，对什么都感到惊喜和新奇，拿着相机一个劲儿地猛拍，然后还从怀中掏出一本笔记本，要这里的人都给他签名。我们在座的队员已在这里生活了20多天，对这里的生活状态早已熟悉了，所以，看着这群初次到南极兴奋不已的客人，就想起了当初的我们才抵达这里时也是和他们一样，对一切都充满着菜鸟般的童真。

1月8日 好消息

在世界七大洲当中，南极大陆是唯一不属于任何一个国家的，也没有原土著人居住的。南极洲不像其他大陆那样有着丰富多彩的生物多样性特征，在南极大陆边缘及周边岛屿上有些品种单一的地衣和苔藓。

吃晚饭时，营地总管胡兰女士宣布了一个好消息，从智利彭塔阿瑞纳斯出发的飞机将在20：50到达这里。这可是近10天来最令人振奋的消息，那些早已完成南极探险活动的队员听到这个消息时，高兴得鼓起掌来，对于他们来说，今晚就可以飞回智利了。回家心切嘛！对我来说，同样也是一个最好的消息，只有徒步极点的其他队员飞来这里，我才能够得以实现我的极点探险目标。今天的晚餐没有往常的丰盛，每个队员草草地吃完晚餐便急匆匆回帐篷收拾自己的行李了，饭后所有的工作人员都忙着准备接送来去的客人，大卫驾驶一辆带长橇的雪地摩托正准备拉队员的装备去机场，见我一个人在营地里游荡，于是便招手让我上车。爱国者山机场距营地有1公里，跑道是天然的冰面，200多米长的跑道可以起到降落各种大型运输机的作用。

我们抵达机场时，飞机已降落，营地里的工作人员几乎都汇集到了这里，各部门把要运走的排泄物等生活垃圾都拉到飞机旁。我和大卫忙着搬运队员的行李，在南极我充当了一次搬运工人。因为飞机故障的原因，在彭塔阿瑞纳斯已滞留了几个到南极的团队，今天全部都乘坐这架飞机进来了。40多人从飞机的后货舱一次下机，所有的人都像我们当初下飞机时的神态一样，内心抑制不住地激动、兴奋，多年的梦想，在走下飞机的瞬间成为了现实，寒冷的空气丝毫不会减弱这些人的热情。

在机场我见到了我们盼望已久的极点探险团队，一共有3人，接下来我将会同这3位队员组队开始我们的极点之行了。今天抵达的队员有来自英国、美国、德国、俄罗斯、捷克、日本和韩国的，其中日本和韩国队员都是来南极进行科考活动的，其他队员有的是攀登文森峰、有的是徒步南极点的，唯独我在这里的时间最长，攀登了文森峰又要徒步南极点。

1月11日

挺进极点的第一天

午在爱国者山营地得到通知：今晚我们将飞到南纬89°的地方扎营，这是我在南极最盼望的消息。午饭后忙着整理

准备徒步

装备，大卫特意到我们帐篷来，再一次检查每一个队员徒步南极点要携带的装备。极点的气温要比爱国者山营地低得多，所以对装备的要求非常高。前几天我也曾看到那些从极点返回营地的其他队员，好几个人都有严重冻伤。我们把装备一一拿出，大卫看过点头认可，我们才能打包带走。

晚餐后飞向89° 的飞机载着我们5人终于出发了，飞机靠GPS定位系统一直朝南极点飞行了2小时后降落途中的思尔山加油。说是加油站，其实只不过是在空旷的雪地上存放着几十桶汽油，这个所谓的加油站并无任何设施和人员。两位飞行员停稳飞机后即刻动手搬运油桶，用随机带来的小型电动抽泵开始抽油。南极的飞行员大概是世界上最辛苦的飞行员了，他们不仅飞行技术得娴熟，每次飞行还得亲自动手给客人搬运行李。他们没有配发笔挺的飞行员制服，着装颇具摇滚风格。5小时后飞机降落了，飞行员告诉我们：这里就是南纬89° 。接着两位飞行员帮我们把所有的装备及雪橇抬下飞机，并祝我们旅行愉快，然后准备驾机返回爱国者山营地。

返程的飞机起飞后竟朝我们直飞过来，在我们头顶上方摆动了两下机翼，算是给我们打招呼了，紧接着一个漂亮的侧旋，飞机便扶摇直上，飞向远方了。这是我在南极观看过的最为精彩的特技飞行表演了。传说中的南纬89° ，这里距极点的直线距离为100公里，但我们的GPS上显示的距离却为111公里。临近极点，气温极低，我们用了20分钟把营地帐篷搭建好，今晚将是挺进极点的第一天。

1月12日

徒步极点的漫长之路

早晨，大卫醒来后忙着化雪山水做早餐，每人先喝下一杯浓浓的热巧克力，接着吃各种配料的营养麦片，巧克力的热量高，一杯下肚，全身都暖和起来。早餐后收拾帐篷装上雪橇，开始了徒步极点的漫长之路。

在南极徒步最重要的是具有防寒保暖的装备，还要有熟练的专业向导，要找准极点的准确方位必须得借助卫星定位器GPS或挂在胸前的球形水平罗盘仪。GPS在极低温条件下不能打开，只有在帐篷中才能打开来记录当天的坐标。今天

雪地行进

行走起来越发吃力，极地的寒风吹在身上形成了一道阻力，拖在身后的雪橇不时要越过一些雪坡，拖绳时紧时松给行走增加了无形的负担。早期南极探险曾使用过西伯利亚矮种马和狗来拉雪橇，到后来最能适应南极生活的狗已被禁止使用了，因为狗在南极探险活动中死亡率非常高，还有粪便排泄物不好收集处理。

在行走中体内散发出大量热气，身体还算暖和，虽然戴着厚厚的手套，手指仍不时会感到生疼，要不停地活动手指促使血液循环才不至于冻伤。行走3小时后我们停下来稍微休息并抓紧喝水吃干粮，放在雪橇上的保温水壶盖被冻住了，我脱下厚手套准备打开水壶盖，只是十几秒的时间，我的手指已经冻得发木了，疼痛难忍，只得放弃喝水，先保住手指要紧，我把双手放到腋下焐了好一阵子才暖和过来。最管用的干粮就是巧克力了，今天的午餐是狼吞虎咽地嚼了两块巧克力，此时，补充身体的能量至关重要。

在下午4个多小时的行程中，停顿的次数越来越少，身后的队员之间的距离逐渐拉开了，跟在最后的是来自美国波士顿的队友，最后到达宿营地时已和雾蒙蒙拉开了几百米的距离。搭建帐篷后，大家忙不迭钻到帐篷里。大卫看着我疲惫不堪的样子，笑着说：South Pole，South Pole（南极点，南极点）！我回应道：Funning South Pole（多么有趣的南极点啊）！说完我们哈哈大笑。

1月13日
狂风大作无法行动

说好今天7：00起床，可是睡到8：00大家都没有动静，看见大卫从睡袋中探出半个身子拉开帐篷，一股寒气袭来，外面狂风大作，大卫把测风仪和温度计放到帐篷外，不一会儿测出的数据为-41℃，风速17米/秒。大卫当时就宣布今天不走了，在此避风。南极的天气就是这样的，说变就变，听着帐篷外呼啸的寒风，我们重新回到帐篷里继续睡觉。

大卫说这样的风至少是9级，大风刮起的细雪花导致能见度不到4米。在这样的恶劣环境中，GPS的电池也不能正常工作，只有在帐篷里才能使用GPS准确判断位置，行走中队

冰原景致

员只能依靠挂在胸前的圆球水平仪辨别方向。

在这样的大风天气里搭建帐篷绝不是件容易的事。进入南纬89°后，四周没有任何遮蔽物，搭建帐篷必须先挖雪坑，把帐篷的支撑架插入雪坑填埋扎实后再打好地钉，这样才能保证帐篷不被大风刮走。帐篷外异常寒冷，除了大便之外都不出帐篷。小便在帐篷里用尿壶，然后装在专用密封袋子里。大便在帐篷外，非常艰难。首先要挖一个1米多深的雪坑，因为在雪坑里风会小一些，排泄在专用袋子里再放到雪橇上。”

和昆明连线时大家问我冻伤好得怎么样。好在主要是从雪镜的缝隙里吹进的寒风导致的面部冻伤，冻伤程度和登珠峰时类似。不过现在大家已经想出避免风从雪镜缝隙吹到脸上的办法，先用围巾严严实实地包住脸，再戴上雪镜。只要手、脚、耳朵、鼻子这些关键部位不被冻伤，脸上皮肤冻伤的刺痛可以忍耐。我们的食品可以吃10天，大家都祈祷天气快些好转，我相信我们一定能走到南极点。

1月14日 必须继续行走

–41℃，今天的气温恐怕是到这里后遭遇到的最低气温了。从早上一直就笼罩着的大雾，在无边无际的冰雪地上，让人感到天地一片混沌，视线只能保持10米左右的能见度。考虑再三，我们还是决定继续行走，昨天的大风已经影响了一天的行程，但队员之间必须紧跟，并靠着GPS定位寻找方向往前迈进。

7个小时的行程里，天地分不清界限，视线中除了无边无际的白色冰雪外，再没有任何颜色和事物。这样的情景使我仿佛掉进了时空隧道，我似乎感受到和看到了家乡昆明和煦的阳光、娇艳的鲜花，还有石林的奇石、丽江的小桥流水……就靠着这样的想象力，支持自己的思维打发掉枯燥乏味的徒步时光，我一步一步地向前迈进。

徒步中，队员还是有新的冻伤，主要集中在脸部和手部。我吸取了前两天的经验，用头巾把头裹了个严严实实，只露出雪镜，很好地防止了脸部冻伤，同时，在行走的过程中也不停地提醒自己把手放在腋下搓揉才能确保不被冻僵、冻坏，因为一不留神可能就保不住手指头了。看着其他队友脸部的新伤痕，我想：总算保住了面子了！

经过7小时，完成了13.8公里的好成绩，超过了前天的8小时12公里的速度，多了1.8公里。尽管按常理来说1.8公里不算什么，但是在极地，每迈出一步都算是一次大的成功，至此离110公里的目标只差84.2公里了。到了营地，其他队友都非常疲惫，我和向导大卫精力相对充足些，于是就先为其他队友搭建好帐篷让他们先休息，之后才开始搭建自己的帐

冰原景致

篷。经过南极这段时日的锻炼，我搭建帐篷越来越娴熟了。帐篷搭建好后，大家就忙不迭地烧水泡茶、做饭。一路上都是靠吃巧克力来维持体力的队员们，现在能吃上一顿美式口味的中国快餐——快速米饭，虽然不美味，但相比吃了一天的巧克力也算是换了个口味，吃得不亦乐乎。在极地，你是没有办法挑口味的，食物只是为了维持生存和体力。

南极探险，之所以称其为探险，正因为它需要队员具备顽强的毅力、体力、耐力、心理承受力和团队精神。就像现在的我们，尽管身体上很疲惫，但心情十分愉快，因为我们相信不管走了多远，都是向目标又近了一步。靠着这样的精神和动力，尽管不知前方会有什么危险，但必须继续前行，每迈出一步，都信心倍增，也许这就是探险的魅力所在吧！

1月15日

1/3的路程

今天我们行走7小时终于穿越了大雾区，又向南极点行进了14.5公里。徒步3天累计共行程40.3公里，已经成功完成1/3的路程。

今天的徒步，可谓精疲力竭，在整个队伍行进的过程中，每位队员除了要行走还要拉着40公斤的装备和食品。途中“空气虫”体力透支严重，基本到了崩溃的边缘。其他队员随时都停下来等着他、鼓励他，然后帮他卸下雪橇上的东西，我们4人每人分担了10公斤，这样一来，4人的行装又变成了50公斤。实际上，此时我也很清楚自己的体力也在一点一点地被消耗着，拖着沉重的雪橇，颈椎病复发，腰酸背疼，连行走都只能保持一个姿势，但为了队友，为了团队，我必须挺下来。其实，在这样特殊的环境下，尽管大家体力都或重或轻地出现力不从心的现象，但是为了整个团队，我们都坚持不能落下任何一位队员，5个人一个都不能少！

终于，下午18：00，我们安全扎营。等歇下来，才发觉自己全身软弱无力，筋疲力尽，由于颈椎酸疼几乎动弹不得，正犯愁，德国队友递上了一盒中国的风油精，我一看就笑了，看着这盒在中国很普通的风油精，居然在此时派上大用场了，心里真别有一番滋味！

每天的营地生活基本是单调的周而复始，可是来自5个国家的5个人凑在一起，却其乐融融。不说别的，营地3个帐篷，除了睡觉的时间，大家都挤在我和大卫的帐篷里吃饭、喝茶、聊天，5个人用不同口音说英语就很有意思，向导大卫说一口苏格兰英语，德国队友当然也是免不了一口的德语口音，俄罗斯队友满口的俄语发音，我自然是说着“Chinese English”，最地道的还是美国队友的美式发音了。虽然队伍里五花八门的语言都有，可几天的朝夕相处，大家相互之间已经有了默契，都明白彼此要表达的意思，相处非常融洽。我深信，在这样一个团队里，没有克服不了的困难，不久就会实现共同的梦想了！

1月16日 减肥秘诀

今天是从营地出来后天气最好的一天，没有大风，气温保持在-20℃左右，在这个“暖洋洋”的日子里，我们一行共走出了15.9公里。向导说如果没有意外，再走4天就能到达极点了。

雪橇上拖着的食品随着每天的消耗在减少，而排泄物却在不断增多，越深入南极就越要注意保护环境，不仅是生活垃圾要收集，个人排泄物也要装在一种特别的密封袋里，拖到南极点，再和队员们一起坐飞机回到营地进行处理。我心想，好在不会串味。

我每天走着的时候就在思考，这次在南极有哪些可以学习借鉴的地方带回国内，看见这种非常环保的密封袋，我特意和向导大卫要了一套，想带回国内研究生产，并在中国登山界倡议使用这种袋子。明年是珠峰火炬传递年，我希望能

1957年所建斯科特站的主体建筑，现已下陷

联系上这次的组织方推荐使用这种环保密封袋，不留任何东西在最纯净自然的环境里。我对大卫说，希望下次他再带团队的时候，这种密封袋已经印上了“Made in China”（中国制造）。

目前，整个南极腹地上只有我们5人在荒芜的冰原上行走着。在约有一个半中国面积大小的南极大陆上，有50个左右的国家建立了自己的科考站，中国目前建了2个——中山站和南极站，但都还没有深入南极腹地。这是我名副其实孤独的探险之旅。

困扰我的依然是老毛病颈椎的问题，用酸痛的肌肉拖着50公斤的行李让我对今天行程的总结简略到了三个字：很痛苦。不过我们队员之间的配合已越来越默契，行走的速度比之前快了许多，搭建营地也更为熟练。我和大卫一个帐篷，虽然每天都要在别的队员休息时帮忙烧水做饭，可额外的好处就是备受大卫照顾，打给我的方便食品总是分量最大的一份。

每天大量的体力消耗，我明显感觉到自己瘦了，看来可以总结一条减肥秘诀，谁想减肥就来南极徒步，绝对减，而且没有回头路。以前听王石介绍南极的情况说有多恶劣，这次来才体会到其中的痛苦，有时真会在毫无变化的景色中走得接近崩溃，可到建好帐篷休息时又会为自己打气，一定能走到！

1月17日

难熬的低温

今天行走了8个小时，走出16.6公里。

上午出发的时候还有阳光，到下午天空阴云密布，气温低至-42℃。在这样的低温里，无法停下来休息。

颈椎的问题越来越严重，到休息时疼痛致使我无法入眠，好在前几天教会向导大卫几手按摩，他帮我揉捏两下，倒也减轻了些。真想赶快结束，回到昆明好好看下医生。

这几天走得已经没有想法了，四周是不变的冰雪地平线，太阳环绕着我们，将我们的影子从右边转到左边，不用看表，当影子转到左边和身体平行的时候，我就知道，终于能停下来安营扎寨了。

今天用GPS定位系统测试出距离极点只有39公里了，我们5个人互相打气，聚在帐篷里互相邀请等结束这噩梦一般的旅程后到各自的国家去旅行。几天来的同甘共苦、生死与共，让我们成了朋友。等九大极点结束，或许会结识世界各地的朋友，这也是我的收获。

越靠近极点温度就越低，地面上的冰雪被冻得发硬，雪橇在地上拖着磕磕绊绊，给行走增加了难度。

1月18日
爬我也要爬到极点

这些天艰苦的行程，身体终于适应了南极，我就像骆驼一样，早上出发前喝过水，白天行走时就不需要再停下来补充水分。今天行走的雪面，被大风吹得像波浪一样起伏不平，走起来很费劲，共走了17.9公里，到达目的地时忍不住长吁一口气，终于到了。

飞行员得自己完成加油工作

现在到南极点的距离是21.9公里，还看不见南极站。向导大卫说南极点上的阿蒙森-斯科特科考站有很好的设施，有可乐、啤酒，还有出售南极纪念品的商店，这成了支持我前进的动力。

我们计划用2天的时间完成剩下的路程，数了数剩下不多的止疼药，我决定留在明后天吃，在最后冲刺的阶段一定不能出问题，爬我也要爬到极点。

每天都用雪橇行走，像探戈舞步一样，滑一步，再滑一步。真怀疑等回昆明还会不会正常地走路。

1月19日 成功抵达南极点

2007年1月19日上午北京时间8：15，我和队友5人克服-50℃的极寒，13小时徒步21.9公里成功到达南极点。至此，城建股份"追求卓越·超越巅峰"全球九大极点顶级探险活动之南极点获得圆满成功，我也因此成为连续完成南极两项目（攀登文森峰、徒步到达南极点）为数不多的中国人之一；也是第一位到达地球最南端的云南人。

就在成功到达南极点之前，卫星电话没有任何信号，因此与昆明失去了联络2天，到达极点后，卫星电话能用了，我第一时间通知了昆明的亲朋好友。其实，剩余的21.9公里按原计划是在2天之内完成的，但是当我们一行在距离南极

科考站在室内栽培的植物

斯科特科考站

金飞豹终于到达了南极点

点15公里处，远处地平线上突然出现一小幢建筑物，这一参照物对于很久没见过其他事物的我们来说，仿佛一针兴奋剂，让大家突然看到了希望，信心倍增，一致决定打破原计划一口气冲到南极点。

向导考虑到我已负伤（颈椎病），征求我的意见，把这个决定权交给了我。看见了不远处的目标，我信心十足，毫不犹豫说道：我今天爬也要爬到南极点！就这样，大家顶住各种伤痛把这个成功提前了24小时。

抵达南极斯科特科考站已是当地时间晚上了，首先映入眼帘的就是悬挂在科考大楼上的很多国家的国旗。接待员带领我们在餐厅里休息。我们抑制不住心中的激动，在充分享用完餐厅免费提供的热咖啡、牛奶、点心之后，便迫不及待地要求参观科考城。整个科考站充满美国色彩，仿佛美国大片描写的"未来世界"一样，规模之大，设备很齐全并且都是世界一流的，医疗保健院、电影院、餐厅、商店、邮局、实验室一应俱全，还有很多正在施工的建筑，随处可见大大小小的飞机，完全就是一座繁华的科学"城"。这里常驻工作人员就有500多人，其中仅世界顶级科学家就有100位，工作人员大多来自美国。

由于科考站不提供住宿，我们在科考站旁边特别留出的一块空地上搭建帐篷，修整等待明天的到来。早在还没有到达南极点的时候，向导大卫就提醒我们要准备好自己的护照和足够的美元，因为今天到科考站商店里可以购买具有象征

豹走天涯·攀登

·贺电·

飞豹：

乍闻捷报，备感欣慰。你不畏风雪困苦，在珠峰、乞力马扎罗峰、文森峰后又下一极，顺利徒步抵达南极点，作为一个有过这种经历的老朋友，我为你感到自豪！

南极是一块地球上难得的净土，相信你们一定也和我一样，感受到了保护这块净土、保护环境的迫切性。极限探险活动是个性的张扬，也可以与社会公益息息相关，尤为可贵的是，你主动把传播奥运精神和呼吁保护环境的意识贯彻到整个活动中。南极之行不仅是你个人生命的绚烂精彩，也将鼓励更多国人和世人走出户外，爱惜自然，与自然交流。

遥祝你归途平安，并预祝再接再厉，顺利完成7+2！

王 石

2007-1-20

南极的特殊纪念品，还可以在自己的护照上加盖具有南极标志的邮戳。据悉，当地的邮局要在今天上午才对外开放，邮局可以寄邮件、包裹，最特别的是还有自助邮戳，游客可以自己选择不同的邮戳。

1月20日 参观阿蒙森—斯科特科考站

到达南极点后，我们都非常兴奋，不分"白天黑夜"地在斯科特科考站参观，累了就回帐篷里睡一会儿，醒过来又兴致勃勃地继续参观。除了在南极科考城购物参观外，最重要的，我在南极点标志物（一个不锈钢圆形物）向世人展示中国五星红旗、2008北京奥运旗帜、城建股份"追求卓越·超越巅峰"活动旗帜等，让这一刻被记录和见证。

接着又去邮局给亲友寄了盖有南极点邮戳的明信片，然后充满好奇地进入科考站参观。阿蒙森-斯科特站由美国政府国家科学基金会National Science Foundation (NSF)于1957年1月23日在南极点建立，海拔2900米。以最早到达南极点的两位著名探险家阿蒙森、斯科特的姓氏命名。

让我印象最深的是在综合大楼里，用世界最先进的室内栽培技术种植的植物。植物在模拟阳光、适度的空气和湿度下长势很好。难以想象在南极点这样恶劣的自然环境下，居然有植物生存！人类的智慧让不可能变成了现实。

综合楼除了有先进的科学实验设施，也为科学家们准备了丰富的业余活动场所——可以在图书馆安静地看书，可以去健身中心打桌球，练瑜伽，电影院里每晚都有电影放映。对我们来说，最受用的是终于有厕所上，终于可以洗澡了，在综合楼的商店里，售货员见到我，很友好地询问来自哪个国家，得知我来自中国，他们便用中文说“你好！”并问我是不是从北京来，我说我的家乡是云南昆明，售货员此前没有听过中国有这个城市，我对他们说：“我是第一个，但我相信以后你们会见到很多云南人。”

因为不用拉着沉重的雪橇，颈椎好些了，但昨天才发现脚上裂开了一道大口子。徒步的时候已经麻木了，没感觉到疼，现在停下来才觉得脚下阵阵刺痛。当一个人专注于目标的时候，困难就显得微小了。

晚上，我和队友有幸被邀请参加了一个极地摇滚派对。和昆明的摇滚迪厅类似，大家尽情地跳舞欢呼，完全忘记了自己身在地球的最南端，冰封雪冻的南极点。室外是零下40多度，在房间里却能感到家乡昆明一样的温暖。

这次徒步到达南极点的经历让我和队友建立了深厚的感情，患难之交是这次最大的收获，也是人生最大的财富。我

南纬90度标志

在这里展示国旗很自豪

深深地体会到，在一个集体中，大家的相互配合，彼此的鼓励和支持，对于实现一个共同的目标有多么重要！今天参观斯科特站，我感受到了科学的力量，惊叹人类在如此极端的环境下竟然建立起了一个生存空间，这里的研究对人类具有非常重大的意义。关注地球环境是每个国家应该担负起来的责任，每个国家在南极进行的科考活动对地球、对人类都是有贡献的，我们的国家也在南极积极地进行着科学研究。

因为爱国者山营地的大风天气导致飞机无法起飞，所以我和队友还将在南极点等待。

奥运会五环旗首次在南极展现

·南极动植物·

南极洲的陆地动物虽有150余种，但其中多为海鸟和海兽身上的寄生虫，并非真正的陆地动物。真正的南极陆地动物有昆虫和蜘蛛类，它们是在南极大陆土生土长的土著居民，如蜱、螨、尖尾虫和蠓。

此外，南极洲的淡水塘、溪流和湖泊中生长着种类稀少的扁虫和其他甲壳类动物如水蚤等。在长满苔藓的浅滩沼地和淡水塘中有缓步类动物，其体长仅有0.1～0.8毫米，呈红棕色，身披角质层，有触须，腿短，卵生，以苔藓和蓝绿藻为食。

中国生物学家在中国南极长城站附近的岩石缝里或岩石底下，发现了一种蜘蛛类动物，其体长有数毫米，呈粉红色，身体柔软、透明，一碰就碎，它通常生长在长有地衣的岩石上，以地衣为生。

经植物学家考察，南极洲仅有850多种植物，且多数为低等植物，只有3种开花植物属于高等植物。在低等植物中，地衣有350多种，苔藓370多种，藻类130多种。植物的品种和数量，不仅不能与其他大陆相比，就是同北极地区相比也相差甚远。北极地区虽然也是寒风凛冽，最低气温在−60℃以下，大部分地区属于永久冻土带，但那里生长的植物品种及数量都比南极洲多，仅开花植物就有100多种，地衣达2000多种，苔藓500多种，还有一些南极洲没有的植物。

企　鹅

企鹅是南极的土著居民，是南极的象征。全世界大约有20多种企鹅，全部分布在南半球，它以南极大陆为中心，北到非洲大陆南端、南美洲和澳洲，栖息在这些大陆的沿岸和岛屿上。

生活在南极洲的企鹅有帝企鹅、阿德利企鹅、金图企鹅、帽带企鹅、王企鹅、巴布亚企鹅、喜石企鹅和浮华企鹅8种。种类虽不多，但数量大，总数约1.2亿只，占世界企鹅总数的87%，占南极地区海鸟总数的90%。其中以阿德利企鹅数量最大，达500万只。其次是帽带企鹅，约300万只。最少的是帝企鹅，约50万只。南极洲不愧为企鹅的王国。

帝企鹅又称皇帝企鹅。因其脖子下面有一片橙黄色羽毛，耳朵后部毛色最深，往下逐渐变淡，庄重高雅，长相打扮酷似皇帝。又因为它身高一般在1米以上，体重达40~50公斤，是南极地区最大的企鹅，也是世界企鹅之王，

南极的企鹅

故有“帝企鹅”这个至高无上的名称。

企鹅之所以能够抵御南极极度的严寒，是因为它们不仅有特别厚的皮下脂肪，而且全身的羽毛很光滑，覆盖严密，风一吹就会紧紧地贴在身上，有效地防止了身体热量的散失。当企鹅伏在窝里的时候，因为其羽毛隔温的作用很强，所以落在身上的雪不会融化，就像又盖了一层棉被似的，形成了一个隔热层。但是，有其利必有其弊，一到夏天，天气稍微暖和，企鹅就会热得受不了。通常，它们会站立起来或张开嘴巴呼吸来散热。它们羽毛稀少的头部也是很好的散热器。此外，还可以用梳理羽毛、扑扇翅膀、叉开双脚等方法将身体内多余的热量散发出去。当这些方法都无济于事时，它们就会跳到海里去痛痛快快地洗个澡。

海　　豹

地球上的生命很可能都是从水里开始的，后来逐渐扩展到陆地，并且分化成植物和动物。但这个过程是可逆的。有些动物，已经进化成温血动物甚至哺乳动物之后，为了逃避天敌的追击，或为了寻觅更加丰富的食物，又重新返回了大海，形成了新的种属，庞大的海豹家族就是其中之一。

南极是盛产海豹的地区。据不完全统计，全世界有海

南极大陆板块漂移图

豹34种，约3500万头，南极地区虽然只有6种海豹，但数量却多达3200万头，占世界海豹总数的90%。锯齿海豹、威德尔海豹、罗斯海豹、象海豹、豹海豹和海狮6种组成了南极的海豹家族。

海豹属于鳍脚目哺乳动物，躯体呈流线型，皮毛短而光滑，抗风御寒能力强。它既能在水中生活，又可以登陆栖息。它们以海洋生物为食，主要是磷虾。海豹善于游泳和潜水，在水中以其胸鳍肢掌舵，尾鳍肢作桨前进，游泳速度每小时可达20~30公里，最高达37公里。潜水时海豹的鼻孔紧闭，心跳每分钟只有4~5次。海豹奶的脂肪含量高达40%~50%，是牛奶的10~15倍，所以海豹的幼仔生长健壮，膘肥体胖。

科学家们发现，海豹有一种非常重要的适应寒冷的能力，那就是它们能以比陆地上任何类似大小的动物快得多的速度将食物转换成能量。除此之外，它们还有一项特殊本领，即能随心所欲地收缩身体表面的血管，以减少热量的散失。当然，科学家们最感兴趣的还是，海豹在潜到很深的水里之后可以很快地浮到水面而安然无事，不会得潜水病（或叫沉箱病）。

飞　鸟

除雪海燕是土著居民外，其余均为异洲侨民，种类只有三四十种，但数量可观，且全部都是海鸟，约有6500万只。如果加上会飞的企鹅，海鸟总数竟达1.78亿只，约占世界海鸟总数(约10亿只)的18%。所以南极地区又是名副其实的飞鸟翱翔的天地。这些海鸟主要分布在大陆的沿岸及岛屿上，以磷虾等海洋生物为食，估计它们每年要吃掉4000万吨海洋生物。

南极洲有33种飞鸟具有定期迁徙的习性，它们夏季在南极地区筑巢、繁殖，冬季则回到温带甚至亚热带地区栖息和更换羽毛，有的鸟甚至在其他大陆漫游四五年后才迁徙到南极大陆沿岸筑巢。所以，人们称这些鸟为“异洲侨民”。异洲侨民大体可分为信天翁类、海鸥类和海燕类三类。

螨

螨也叫无翅南极蝇，是南极大陆最大的陆地动物，体长仅2.5～3毫米。它分布于南极半岛两侧南纬64°～65° 30′之间的狭窄地带，靠食苔藓和地衣及其他碎屑为生。

尖尾虫

尖尾虫，也叫弹尾虫，在南极大陆分布最广，从海岸到海拔2000米的高原，甚至远到内陆南纬84°的地区都有分布。尖尾虫多见于生长地衣的岩石表面上，常和地衣生活在一起，有时在岩石下或小碎石缝中也有发现，但不常见。

地　　衣

在南极大陆的绿洲和时有冰雪覆盖的露岩区，甚至在内陆离南极点只有几个纬度的岩石表面上，都有地衣的踪影。其形态各异，有的像金丝菊，有的像松针，有的像海石花……它们的叶面和躯干上长有黑色斑点，整枝有灰白色、褐色、古铜色等，棵枝大的有10~15厘米高，小的仅几毫米。其名称有叶状地衣、枝状地衣、壳状地衣等。地衣与藻类共生，是一种复合植物体。

地衣的根能分泌地衣酸，溶解岩石，从中吸取营养，同时固定自己。它那坚固的表皮能抵御低温、强风及干燥引起的水分蒸发，并能顺利地为自己构成像藻类一样的供水系统，从而维持生命。在中国南极长城站附近，地衣漫山遍野，种类多达70余种。

虽然地衣只是两种弱小生命的联合体，看上去实在相貌平平，但却具有极为顽强的生命力。有一块在大英博物馆里陈列了15年的地衣标本，偶尔沾了一点水之后，居然又生长了起来！而在实验室里，生物学家们惊奇地发现，即使在零下198℃的超低温条件下，南极地衣也照样能够生存。因此，地衣恐怕也是地球上最为耐寒的植物。众所周

云南人的脚印第一次留在了南极冰原上

知，乌龟长寿的秘诀是新陈代谢缓慢。同样的，地衣长寿的原因也是生长极其缓慢。据观察，地衣在一年当中也许只有一天的活跃生长期。因此，科学家们认为，南极那些直径已经长到13厘米的地衣可能是地球上活着的最为古老的生物！而在离南极点只有483公里的一些山峰上，人们也发现了生长得很好的地衣，就是说，地衣也是地球上生长得最靠南的植物。

苔　藓

苔藓没有地衣那么顽强的生命力，它只有在地衣将岩石表面分解后，形成的薄薄的土壤上才能生长。但苔藓也

冰雕造型

有它的惊人之处，在隆冬季节，它往往变得极其干燥而脆弱，一碰就碎。但只要稍有温暖的气流和水分，它的组织立刻变得柔软、翠绿，呈现出富有生机的样子。

藻　类

广泛分布在绿洲的陆原地面、岩石表面、石缝、冰雪以及时令性溪流或水塘中，特别是企鹅栖息地流出的溪水中。由于含有丰富的氮、磷营养盐，使藻类生长异常繁茂。

尽管南极大陆有上述土生土长的陆地动植物，但是与地球上其他大陆相比，动植物的种群和数量都少得可怜。

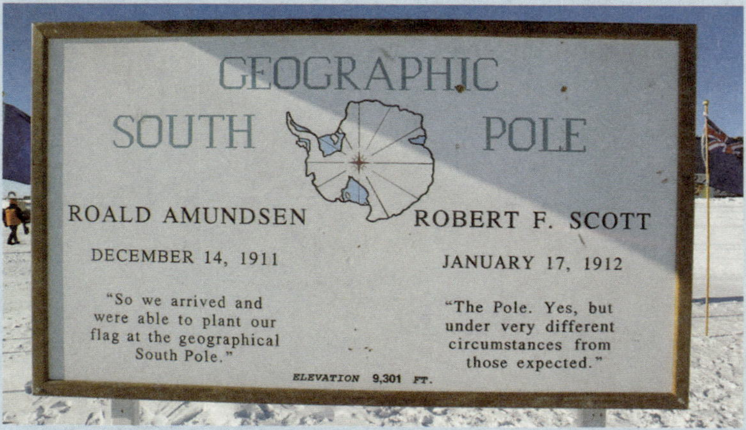

极点标牌上刻着阿蒙森和斯科特的名字

北极地区的陆地动物比南极洲多得多.北极有大量的昆虫、陆地鸟类和哺乳动物如野兔、狐狸、狼、熊、驯鹿和麝牛等。淡水中有鱼类和两栖类动物。然而在南极洲的陆地生物，不管是动物还是植物，能在极其恶劣的环境中生存下来，已经够不容易了，它们必须同险恶的环境搏斗、抗衡，锻炼和造就适应恶劣环境的能力，才能生存下去，繁殖起来。

险象环生的际遇：北极点

鬼斧神工的天然冰雪雕饰

这是一次和时间赛跑，同时也最没有底气的探险。因为浮冰总在不停地移动，不知它们会漂浮到哪里。十几天的艰难跋涉让我走了许多弯路，我得拼命夺取被“抢走”的路程。

——飞豹感言

北极点是指地球自转轴的北端，也就是北纬90° 的那一点。北极并不仅仅限于北极点，而是指北纬66° 33′（北极圈）以北的广大区域，也叫做北极地区。北极地区是不折不扣的冰雪世界，但由于洋流的运动，北冰洋表面的海冰总在不停地漂移、裂解与融化，因而不可能像南极大陆那样经历数百万年积累起数千米厚的冰雪。北冰洋表面的绝大部分终年被海冰覆盖，是地球上唯一的白色海洋，所以，要从地形上指出北极点的准确位置是非常困难的，只能靠仪器来确定。

直到19世纪末期，虽然有许多航海家都曾试图到达北极点，但他们却并没有把北极点作为当时的直接目标，而只是当做通往东方的必经之路。

徒步征服北极点的光荣，归于美国探险家罗伯特·皮尔里。他在23年的时间里多次考察北极地区，终于在1909年4月6日上午10时把美国国旗插在了北极点的海冰上。

2007年4月13日

异域北欧，风景独好

伴随着听过无数次的由约翰·列侬和保罗·麦卡特尼作曲并演唱的《挪威森林》（Norwegian Wood）乐曲，我踏上了斯德哥尔摩这片土地。这首由西塔琴、手鼓和手风琴演奏的歌曲在眼前的一派北欧风光中听起来，真是别有一番味道。迎着暖暖的阳光，我闭上眼睛深深地吸了一口气，心里默念：北极，我来了！

从奥斯陆到朗伊尔城的途中，我乘坐的飞机在通索（TROMSE）机场中途经停，看到大家都在下飞机，我误以

朗伊尔的湖光山色

为已经到达目的地，就跟着涌动的人群下了机。来到机场大厅，透过落地玻璃窗，看见和煦的阳光下，白雪覆盖着远山、森林和小木屋，感觉仿佛走进了童话世界中，心里不禁一阵兴奋。

挪威森林的总面积为807.3万平方公里，森林覆盖率达到26.3%，这样丰富的森林植被，足可以引起多少人的神往。传说中的挪威森林果然是名不虚传。从童话中回过神来，我东张西望找寻探险公司的接待员，等了许久没见着任何接待人员也没见行李出来，一问机场工作人员才知道这只是中途经停，差点就被遗落在这儿了！我赶紧跑回到飞机上，心里才落下了一块石头。

2小时后，飞机终于降落在朗伊尔城，为了避免再出通索的洋相，我再三向机组人员确认，他们以为我是日本人，就开玩笑说："Welcome to TOKYO!"。挪威是我所到过的最为开放的国家之一，在机场不用填入境卡，也没有海关检查，对外来人非常友好。

这一次，我在机场大厅见到了接待人员Agle，在他的带领下，我和同时到达的3名美国队友来到探险公司报到，并得知包括我在南极认识的倔老头——"罗伯特"在内的其他3名队友也将在明天到达。我们接下来的几天时间都将在朗伊尔城休整。

4月14日

百年“朗城”，美名“煤都”

今日云层较厚，天空阴沉沉的，气温在零下5℃左右。可坏天气也无法抑制我的好奇心，起床后就在城里到处溜达，足足逛了一个上午。

朗伊尔城初建于1906年，因为在这里发现了煤矿，美国实业家约翰·朗伊尔前来这里投资采煤，后来就用他的名字命名了这座城市。一到朗伊尔，就可以看到城中伫立着两

朗伊尔城街景

运输煤矿的支撑架

座雕塑，其中一座是一位矿工手托风钻躺着掘进在扁平的横向矿道中，另一座是一名站立的矿工，他头戴矿灯，手持煤镐，两眼平视前方，眉头紧锁，似乎向人们诉说井下开采的艰辛。这些煤矿都是亿万年前的森林，后因大陆板块的漂移逐渐形成了煤矿化石，为后世创造了丰富的煤矿资源，也因此成就了朗伊尔“煤都” 的美誉。

朗伊尔位于北极圈内北纬78° 14′ ，离北极点直线距离仅有1333公里，现有常住人口约1200人，由于人口极少，当地政府都鼓励已婚夫妇多生，父母不用担心孩子的抚养和教育问题，国家和政府将为孩子提供相关费用，而且当地的孩子上学远比中国小孩轻松得多，他们每天只是上午上课，下午休息。当地人的学习和工作都在一种非常轻松的环境下进行，这令我十分羡慕。

别看朗伊尔城虽然小，人口也很少，但这里的基础设施十分完善，正应了中国的一句俗话“麻雀虽小，五脏俱全” 。国际机场、数量众多的雪地车辆、学校（包括大学）、医院、银行、邮局、超市、商场、图书馆、餐馆、咖啡馆、酒店、洗衣店、旅行社、旅游问讯处等等一应俱全。夏天的时候，这里汇集着来自世界各地的旅游者，很有国际情调。而到了冬季，只要带上你的合法驾驶执照，就可以租一辆雪地摩托车去城外的荒原上享受飙车的乐趣。这里的旅游项目很多，有乘坐雪地摩托狩猎、乘坐狗拉雪橇观光、在冰川上徒步、探索冰川内部、观看北极光、乘游船欣赏峡湾风光、玩皮划艇等等，真是丰富多彩。

朗伊尔城煤矿储量很大，很多地方都能见到开采煤矿的设备和采煤车的轨道。不过近年来随着旅游业的发展，原来占据最主要地位的传统能源开采业正逐渐被取代，随处可见憨态可掬的北极熊标志、工艺品和指示牌，北极熊俨然成了这里的形象代言。城里的建筑相对独立，并且很有特点，人们喜欢让建筑的底部离地面有一定距离，以便更好地促进空气流通。

听当地人说，城里偶尔有北极熊光顾，不过近几年都没有发生北极熊伤人的事件了，当地政府为了防范北极熊伤人采取了一些措施，例如所有垃圾筒都是全封闭的金属材质，非常结实且密封性好，这样就切断了北极熊在城里的食物来源。但这里的居民晚上还是很少出门，我还看到在室外驾驶雪地摩托的人都配有长枪，可见在野外难免会受到大型动物的威胁。

闲逛了一天，我基本上熟悉了整座城市的情况，对这个别具一格的小城更多了几分亲切。

4月15日
“生死状”，痛并快乐着

上午天气不佳，风雪中能见度不足10米。但根据天气预报天气将转晴，我们计划明天飞往89° 俄罗斯科研营地“巴尼欧”，大家都在整理装备等待明天出发。中午刚过，天空就开始放晴，我又忍不住到室外闲逛。街上行人很少，但大家都非常热情，尽管是陌生人也会互相点头微笑。偶尔看到人们驾驶雪地摩托去郊游，一家老小全部出动，甚至连咿呀学语的孩子都坐在摩托的婴儿座上，高兴得手舞足蹈。

傍晚，橘红色的太阳贴着地平线，发出柔和的光芒，小城沉浸在一片祥和、温暖的气氛之中。晚饭时我们去了当地

注意防止北极熊攻击警示牌

一家有名的餐厅，菜单上写的都是挪威语，大家你看我，我看你，谁也看不懂。无奈之下只能靠猜了。我看懂了和英文拼写近似的汤和牛肉，由于前两顿吃的都是鱼汤，想换换口味，我特地告诉侍者："我要一份汤，但不要鱼做的。"可端上来一看，还是鱼汤，让我十分地无奈，不知道是我没表达清楚，还是这里的人太爱吃鱼了，看来此行又要吃上好多鱼了。一个队友在菜单上随便点了一份，侍者端上来大家一看，盘子里的肉黑漆漆的，一问才知道是海豹肉，我怀着好奇试着尝了一块，味道很奇怪，真不明白为什么有人为了吃肉而猎杀海豹。

晚饭后介绍会上，队员们挨个签署了"生死状"，和上次去南极签署的"不平等条约"类似，探险公司免除了所有责任，包括途中所有可能发生的意外、不可抗力造成的任何风险。和南极相比，这次还增加了"探险公司不负责队员被任何野生动物袭击所造成的伤害"条款。由于探险公司的完全免责，保险就显得十分重要。很遗憾国内没有任何一家保险公司承保此类项目。我们找到了一家丹麦保险公司，投保了"国际旅行健康险"，该险种有效解决了旅行者在国际旅行中的后顾之忧。这家公司的险种非常齐全，我几次在国内买不到保险都到这里投保，手续简便快捷，通过互联网10分钟就可以填完保单、付款并打印出保单。相比之下，国内的保险公司还有很多有待完善的地方。

介绍会上最为强调的就是防止遭到野生动物伤害，其中最主要的是北极熊。北极熊是陆地上最大的食肉动物，目前约有22000只生活在北极。向导提醒队员绝对不能单独行动，晚上睡觉时也要保持高度警惕。目前采用较多的规避北极熊袭击的方法是在距离帐篷10米左右的地方，用滑雪板支撑在四周，中间拴上线，线上悬挂小罐子，在罐子里放上带有熊不喜欢的气味物体，避免熊靠近。如果熊碰到罐子，发出的响声也能提醒人们采取防范措施。

总之，整个探险过程不仅要忍受严寒和疲劳，还要随时警惕大型野生动物，想起来多少有些担心。

4月16日

刺激的北极探险

昨天，终于等来了另外几位队员，至此，我们这支国际探险队一共8人全部到位。8名队员中，美国队员就占了6名，德国队员1名，我是本次探险活动中唯一一名中国队员。

队员的平均年龄在40岁左右，最大的要数67岁的德国老队员罗伯特，他今年已成功徒步到达南极点，如果这次能够成功完成北极点的话，罗伯特将会成为成功徒步到达南、北

我们是一支国际探险队

极点年龄最大的欧洲人，他这次来北极就是为了突破这个新纪录；另外年龄最小的是18岁的美国女队员，她是跟随其父一起来北极探险的。但无论年龄多大，所有队员脸上写着的都是对北极的新奇和自信。

队员全部就位后，我们根据探险公司的安排，开始进行如下几个训练：

A.如何滑雪翻越北极浮冰上起伏不定的冰丘 。

北极的滑雪难度远远要超过南极，因为北冰洋表面的海冰总在不停地漂移、裂解与融化，是呈浮冰状的，不像南极大陆那样经历数百万年积累起数千米厚的冰雪，显得较平整。所以我和其他队员都必须要学会越野障碍的滑雪技能，这里要不断翻越连绵不绝的冰丘，难度很大，我在南极学会的滑雪技能，在这里并不管用，一切都要从零开始。

B.如何规避北极熊 。

北极熊是北极地区最大的食肉动物，北极当然的主宰。当地人告诉我们，城里偶尔有北极熊光顾，不过当地政府对防范北极熊伤人采取了一些措施，近几年都没有发生北极熊伤人事件，但是我们必须学习一些在野外怎样避免受到大型动物威胁等以防万一的常识性防范措施。

向导再次重申我们绝对不能单独行动，晚上睡觉时也要保持高度警惕。

C.如何辨别方向 。

要从地形上指出北极点的准确位置，是一件十分困难的事情。因为北极点上的地物是一些相互碰撞、相互碾压的大堆块冰，这些块冰又朝顺时针方向，时停时进地在北冰洋上打圈圈。因此，用以辨别北极点的冰层，可在一星期内漂离老远。队员中大多都配戴了GPS定位仪，只有用仪器，才能精密地确定北极点的准确位置。

另外，向导还将专门为我们示范和培训了如何在与队伍走散的时候进行呼救，如何安全地跨越冰裂缝，如何在掉进冰裂缝时自救等北极野外生存基本常识。一早上的培训，给我最大的感受就是，北极探险，也许是我将遭遇的最刺激的探险。

看天气情况，今天训练完毕后，将决定是否飞往北纬89° 的俄罗斯科研营地“巴尼欧”。

我们都得重新学习怎样在冰丘上滑雪

很容易摔跤

4月17日
做客挪威人家

由于最近北极气候变暖，原定于16日飞往“巴尼欧”的计划不得不暂缓。探险公司每天都要观测北极冰层移动的情况，因为冰层的变化情况直接影响到我们这次的行程——在冰层移动不稳定的情况下，探险队不敢贸然前行，因此，具体要到哪天才能到北纬89°，现在仍然是个未知数。

在离开中国时，连续几天的感冒发烧让我全身乏力，临出发前一天还在朋友的诊所里输液，经过这几天的治疗和调养，我现在的身体状态已基本恢复。

休整的时间里，除了继续前两天的越野障碍滑雪训练之外，探险公司还特意安排我们到附近山上的一户挪威人威廉家做客。我们一行驱车前往，中途见到一个标有“Gieleder hele Svalbard ”的警示牌，告知大家这里常有北极熊出没。本来是警示牌，可每个经过的游客都会在这留影作纪念。我们并没见到一只北极熊，倒是不时窜出几只觅食的驯鹿，优哉游哉地找寻着食物，对陌生人熟视无睹，当地的居民也没有捕杀或驱赶这些可爱的驯鹿。看到这里的人和野生动物能共处一地，却又各行其道、相安无事的一幕，我不禁想起昆明冬日里的翠湖，市民们争相喂食不远万里飞来越冬的红嘴

做客威廉家

一排排的木楞房

鸥的情景，心里暖暖的。

就在我们一行将到威廉家时，眼前出现了几幢木楞房，看起来跟泸沽湖的房屋建筑非常相似，很别致，方木垛成的井干式木房板壁显露着木料的本色，散发着一股挪威森林特有的气息。迎接我们的是威廉夫妇二人，还有他们喂养的10几只体型硕大的雪橇犬，这些雪橇犬看见有客人来了就高兴得上蹿下跳，亲热得不得了。

威廉的家布置得非常温馨，壁炉烧得旺旺的，很温暖。主人热情好客，邀请我们到壁炉旁听他们讲述当地的趣闻，威廉还特地为我们放映他们平时狩猎和户外休闲时拍摄下来的精彩画面，有憨态可掬的北极熊，有成群结队的驯鹿，还有户外滑雪、登山运动等等，一种北欧的生活方式在影像里慢慢展现出来。

威廉在附近矿山工作，每年只需工作6个月，闲暇时间都是从事自己的喜好，主要是狩猎，一是捕猎驯鹿，因为当地主要的肉食来自于驯鹿，另外也可将驯鹿、北极狐这些动物的皮毛拿到城里去卖，换取额外收入。

在朗伊尔，政府允许居民在驯鹿的非交配季节捕猎，每年每户人家可捕杀一定数量的驯鹿作为主要的肉食来源。与中国“禁止捕杀”野生动物的规定截然不同，当地动物的数量远远超过人口数量，所以政府允许居民捕杀一定数量的动物以维持生态的平衡。威廉告诉我们，他们今年已经猎杀了

见到我们雪橇犬很是兴奋

陈列在博物馆里的北极熊标本

8只驯鹿，还特意为我们做了几个菜作为招待我们的晚饭，有生鱼片、土豆，当然肯定少不了驯鹿肉。驯鹿肉味似羊肉，肉丝粗糙、腥味浓郁。

在当地常年寒冷的恶劣自然环境下，培养了当地人吃苦耐劳的精神，自然环境虽然艰苦，他们却有着乐观积极的心态，这是很多生活在安逸环境中的人所不能体会的另一种生活境界。

4月19日

气候变暖，北极探险“最后一度”？

今天是滞留朗伊尔城的第五天，虽然朗伊尔天气一直晴朗，但1100公里之外，北纬89° 的俄罗斯科考站却接连报来因为大风和温度升高导致冰层不稳定，飞机无法降落的坏消息。这次的北极点之行被探险公司称为 “北极最后一度探险”，起点就在北纬89° ，一块巨大的浮冰上修建起来的俄罗斯科考站。

朗伊尔城现在已经进入极昼，每天太阳就绕着地平线旋转而不下沉。这几天，我去参观了斯瓦尔巴特群岛大学，学校是专为当地居民设立的，学生可以自由选择自己喜欢的专业进修。在大学旁边就是斯瓦尔巴特群岛博物馆，这个博物馆展示了在北极地区自然、文化、人类活动、技术和环境之间的关系以及400年来人类在斯瓦尔巴特群岛的生活方式和生活水平。一个小小的朗伊尔城从小学到大学，再到博物馆一应俱全，挪威的文化教育程度可见一斑，同时也不难理解为什么挪威90%的居民都受过高等教育，而且全国没有一个文盲。

现在滞留朗伊尔城的最根本原因就是温室效应引起的气候变暖，北极地区温度不断升高，而且气候极不稳定。探险公司那边探测的结果是无法找到合适飞机降落的浮冰，行程不得不被搁置。去年12月份在南极探险时已经意识到环境的污染和恶化对于极地的影响，而在北极因为没有陆地，浮冰的变化将自然环境的恶化更明显地凸显出来。

在等待的几天中，我考虑最多的是回去以后如何从身边小事做起，减少温室气体的排放。家里都用节能灯，纸张都是双面利用，但这次北极之行让我深切地体会到这些还远远不够。回去要尽可能少用电器，尽可能少开车。这些小事做起来其实很容易，看起来似乎微不足道，但对环境的保护却有至关重要的意义。

我常常想自己很受幸运之神的眷顾，有生之年有机会到达过地球最纯净的三极：珠穆朗玛峰、南极点和不久将到达的北极点，但面对越来越恶化的环境，我不知道这样的净土

豹走天涯·攀登

·北极极昼·

极昼又称永昼或午夜太阳，是在地球的两极地区，一日之内，太阳都在地平线以上的现象，即昼长等于24小时。

如果太阳直射点在哪个半球，那个半球极圈到极点地区就会出现极昼现象。极昼的范围与太阳直射点纬度有关，其边界与极点的纬度差就是太阳直射点的纬度。

所以，春分过后，北极附近就会出现极昼，此后极昼范围越来越大；至夏至日达到最大，边界到达北极圈；夏至日过后，北极附近极昼范围逐渐缩小，至秋分日缩至0；秋分过后，南极附近出现极昼，此后南极附近的极昼范围越来越大；至冬至日达到最大，边界到达南极圈；冬至日过后，南极附近极昼范围逐渐缩小，至春分日缩至0。

如此周而复始，其周期为一个回归年。

北极的夜

还能存在多久。虽然探险公司的“北极最后一度探险”指的是北纬89°到90°的最后一度,但因环境恶化，恐怕北极的探险真成了名副其实的“最后一度”了！

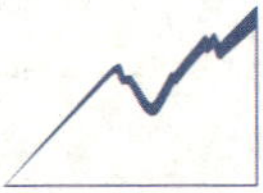

4月21日 北纬89°——真正的起点

从朗伊尔城到巴尼欧，我们乘坐俄罗斯“RA-74035”运输机，飞机前部载人，后部则载着行李物品。经过两个小时的飞行，于北京时间4月21日凌晨3点，抵达位于北纬89°的俄罗斯科研营地巴尼欧。

同机的大约有30人，其中大部分是到巴尼欧体验北极风光的游客。巴尼欧是1993年由苏联和法国两国共同建造的科研营地，设施比较简陋。由于资金短缺，目前主要用于接待游客并作为北极探险的中途站，所以我们会看到营地用推土机修建的供飞机使用的跑道。近几年开始实施商业运作，每年巴尼欧会接待200左右的来自世界各地的探险家和游客到此探险或旅游。营地搭建了几组帐篷餐厅就是供游客休息和用餐的，餐厅内还设有中央管道输送暖气。

在营地，我们看到10多只等待游客的雪橇犬，乖巧地随时等待为客人服务，一点都不惧怕陌生人，热情好客的样子实在招人喜爱，我忍不住上前和它们亲热，它们也欢快地在

我们准备乘机到北纬89° 的巴尼欧了

我身上蹭来蹭去。

我们只在巴尼欧帐篷餐厅吃了些点心，稍作休息后继续向北走了约2公里，在一块相对平坦的冰块上扎营，这里才是徒步的真正起点。

比起南极大陆，在北极冰原上徒步的难度要大得多。由于洋流的运动，北冰洋表面的海冰总在不停地漂移，没有像南极大陆那样经历百万年积累起数千米厚的冰。在风和洋流的作用下，浮冰可叠积并形成巨大的浮冰山。有时，海洋的表面一直冻结到海岸线，而有时，岸边会有数公里不稳定的漂浮冰块和黑沉沉的开放水域。这些冰就像由一个个岛屿镶嵌而成的拼图，被水流分开。在上面行走要靠滑雪板，每个人身上都有套索，用绳子拖动身后的雪橇。拖着沉重的雪橇在起伏不平的冰丘上行走，非常吃力。经常会碰到大大小小的冰裂缝，我们要很小心地避让。领队告诉我们，如果不慎

扎营在漂移的冰面上

掉入冰裂缝，不要慌张，把身体尽量展开平躺在水面上等待营救。

除了自然环境的恶劣，北极熊是大家最担心的另一个危险。其实准确说应该是既担心受到北极熊威胁，又想亲眼看看它们，所以，徒步中我们经常东张西望，观察附近有没有北极熊。领队随身带着长枪，若北极熊靠近时会对空鸣枪来吓跑它们，除非情况危急不会向北极熊开枪。

我们扎营在一块厚冰上，通过GPS可以判断冰块是在缓慢移动的，但由于速度很慢，人体根本感觉不到。第一次睡在漂移的浮冰上，想到3米多厚的冰层下就是深不可测浩瀚而寒冷的北冰洋，心里难免感到不安，想着想着，由于疲劳迷迷糊糊地睡着了。

4月22日

遭遇险象环生的冰裂缝

吃完早餐，整装出发，通过GPS定位系统的指示向北极点方向行进，7小时徒步了9公里。

北极的徒步比起南极来，较为艰难，因为一路上我们会碰到无数大大小小的冰裂缝，这些冰裂缝形状各异，不同的冰裂缝需要不同的跨越技巧和协助工具，碰到较深较大的冰裂缝时，主要是绕行，这无形之中又增加了徒步的距离。遇到较宽的冰裂缝时，必须把身上的雪橇、滑雪板取下来，先下到冰裂缝里面，然后再攀爬出来，而较窄的冰裂缝，就把滑雪板搭起来，作为桥梁，人在滑雪板上面颤颤巍巍地走过去，一旦过去了又必须猛跑起来通过惯性才能把雪橇拉过来。

整个跨越冰裂缝的过程就像是一场场惊险的杂技表演，除了队员自身的体能素质外，更需要队员之间的团队精神作为支撑。看见队友成功跨过后，大家就大声喝彩，如果过不去，就会有援助之手伸出来。队员中年龄最大的罗伯特，年轻时踢足球腿部受过重伤，他一直走在我前面，碰到他过不去的冰裂缝时，我就主动上前帮助他顺利跨越，因此，他没有因为腿伤影响到整个队伍的行进速度。

在北极徒步与在南极比较起来，还有很多明显的区别。北极温度基本在-15℃左右，远远高于南极-50℃左右的气温，湿度上比起有“撒哈拉沙漠”之称的南极来说，空气尤为湿润，这是由于受极地高压控制，地表接受太阳辐射较少，雨水蒸发微弱，因此相对湿度很高。一路上我浑身都湿漉漉的，再加上大量地出汗，很不舒服，尤其是当我们到达歇息地时，衣服、手套、头巾都湿透了，在这样潮湿的空气中，放在室外晾晒根本没用，此时最好的方法就是把打湿的衣服塞到睡袋里，通过人体体温来焐干。

这一天我们未曾见到任何动物，但一路上除了冰裂缝

冰裂缝

借助大冰块越过冰裂缝

体验“如履薄冰”

外，还有各式各样的冰丘，有直冲上天的，还有塔状的冰山，有些甚至高达60多米，这些美丽的风景给单调的徒步带来了些许欣慰。

目前，距离北极点还有多远的距离，我们无法获知，到达时间也无法确定，因为北极整个浮冰在不断漂移，如果浮冰往我们前进的反方向移动的话，将可能增加更多行程。但按照我在南极的经验，接下来的徒步中，我们每天将会适当增加徒步的时间，这样才能确保顺利到达北极点。

4月23日 体验“如履薄冰”

今天云淡风轻，阳光也不强烈，在这种好天气里我们取得了9小时14公里的好成绩。

这天的强度比前两天要大，而且难度也越来越大，我们除了要艰难地跨越一个接一个的大大小小的冰裂缝外，还会碰到一些很薄的浮冰，这些薄冰只要轻轻用雪杖都能捅破掉，碰到这样的薄冰，所有队员都战战兢兢的，因为一个不小心可能就会掉进浩瀚的北冰洋里。向导一路上指导我们如何识别薄冰，他一直走在队伍的最前面，只要一发现稍透明的冰面，他就会先用雪杖试探，如果安全就招手让后面的队员跟上跨越过去。向导身上还备有救生绳，随时警惕着，以防万一有人落水。这次到北极后，我才真正体会到了什么叫“如履薄冰”！

这样又是技巧又是体能地一番行走后，队员们体能消耗相当大，途中会不时地停下休息，喝水、吃巧克力以补充体力。休息时，一位美国队员掏出随身携带的口琴吹奏，大家都会静静地听着空旷无垠的冰雪天堂里响起的天籁之音。说到这里，实在不得不佩服外国队友浪漫和充满情趣的天性。

对于极点徒步来说，队员们每天最高兴的事情，莫过于扎营了。当向导一声令下告诉大家：“今天就在这里扎营了。”这意味着我们劳累一天终于可以待在帐篷里喝点热水和咖啡，取取暖了。我们会迫不及待地用短短几分钟时间就把营地搭起来，然后烧水的烧水，做饭的做饭，大家一起享受着极地的别样生活。

按照GPS定位，就目前的徒步距离来看，差不多已经完成1/3的路程了，如果运气好，浮冰不是反方向漂移的话，预计5天后我们就可以到达北极点了。

4月24日

大风将我们吹远2.5公里

出发时天气还不错，才一会儿工夫天气就变了，气温骤降，呼出的热气在风镜上、面罩上结成霜，衣服上也布满了冰霜，看起来就像一个个笨拙的雪人，在冰天雪地里一点点向北挪动。10个小时，前进了16公里。

行走中看不到很远，周围总有起伏的冰丘遮挡住视线，更要提心吊胆警惕脚下随时出现的冰裂缝。冰面起伏不平，摔跤是很常见的，队员摔，领队也摔。我们几个人一路上经常摔成各种形状和冰面亲密接触，有时也会掉进松软的雪洞。连续的几个跟头我的滑雪板都摔坏了，还好领队带着备用的。有时要

艰难的行走

过一个大冰坡、冰坎，因为雪橇太重，拖得筋疲力尽的时候突然觉得肩膀一轻，回头看是后面的队员在帮忙推，当前面的队员遇到问题时，我也及时伸出援手。如果没有队员之间的互相协助，真的很难想象该怎么样才能到达极点。

走的过程中没时间看表，一走起来就忘记时间了，偶尔停下来几分钟就抓紧吃巧克力补充体力。好在极地的太阳不会下落，早上影子在左边，一直走到影子转到身体右侧时就知道已经是下午，依照影子的方向就可以简单地判断出扎营休息的时间了。出发这几天没有见过别的生物，不过领队片刻不离身的猎枪提醒着所有的队员潜在的危险——北极熊。

扎营时突然刮起大风，早晨醒来，看看GPS显示的数据，发现一晚上我们被吹远了2.5公里，这是在北极探险中经常遇到的麻烦，所以领队通知我们今天必须增加路程。

4月25日 冰裂缝险阻前进路

本来按照领队的要求要增加路程的，可出发后就遇上刮起强劲的侧逆风，气温骤降到零下25℃以下，10个小时行程13公里，对于今天的天气情况来说，这个成绩还算不错。

移动的冰面

冰裂缝险阻前进路

今天遭遇了出发以来最大的冰裂缝，约30米宽，也是我们第一次遇到没有冻结的冰裂缝，冰层的厚度在水面上有1米，可以看见两块浮冰间湛蓝的海水纹丝不动，像一条蓝色的长龙蜿蜒盘旋在宽广的浮冰上。我们无法通过，只能沿着冰河寻找两块浮冰的结合点，两个多小时后才最终绕过了这条“蓝色之龙”。

北极冰原上处处都有潜在的危险，防不胜防。浮冰危险，坚冰也不安全。走在坚硬的冰壳上，相当滑，连滑雪板都把不住，一不小心就会摔倒，大家都走得小心翼翼。走在松软的雪地上，也随时都有暗藏的裂缝，不知道什么时候会掉下陷阱，昨天一个美国队员就掉进了雪洞，摔断了滑雪板，好在不是很深，人没受伤。

领队非常有经验，他走在队伍的最前面随时探路。有不明路况的时候他就脱下雪橇，拿雪杖走到前面去试探，另一个向导就跟在他身后拿着救援的绳子，在他发生滑坠或落水时可以及时抛给他，以防万一。

每天行走都要补充大量的水，所以早上出发时要灌满所有的水壶，前几天我还习惯加热水，但因为体能消耗太快，我学其他的队员在水壶里装上热巧克力。现在路上吃的是巧克力，喝的也是巧克力，实在咽不下去的时候，我就想自己是在吃药，只有这样才能逼着自己下咽。有时候都在想，九大极点完成，估计我也变成巧克力了!

睡觉时依然刮着侧逆风，早上起来用GPS一测量，非常不幸，我们扎营的地点又离极点远了4公里，就是说白天走了13公里，晚上又退回去了4公里。现在GPS上显示离北极点直线距离还有30公里左右，但如果接下来还刮逆风的话，每天的行程就可能退后几公里，加之不是直线行走，遇到若干冰裂缝都需要绕行，这样一来，实际徒步的距离就远远超过了30公里。

我开始有些担心不能按计划到达极点，领队就开玩笑说：运气好的话，风顺着极点吹就可以挽回损失了。大家都乐了，心想着大风最好是一下把我们送到极点就更好了。

4月26日
极度考验

今天我们在零下21℃的低温和强劲侧逆风的双重考验下，11小时徒步了15公里。

连续6天的徒步体力消耗非常大，加上一直遇到侧逆

雪橇狗——我们忠实的朋友

风，感觉很疲劳。徒步的难度也越来越大，今天最宽的冰裂缝足有七八米，只能绕道穿越。白天辛苦前行，晚上却有可能被风往反方向吹离北极点，大家心里都免不了些许担忧，现在每天早上醒来的第一件事就是询问领队："有没有后退？"

但天总不遂人愿，今天早上得到的消息依然是后退了4公里。我们只能乐观面对现实，抱着积极的心态勇往直前。

在这种极限环境下，生活方式和平时相比完全是另一番景象，液态水需要通过融化冰雪获得，主要用于饮用和做饭。为了节约能源，我们从21日离开巴尼欧大本营就没有洗脸、刷牙，更不敢奢望能洗澡，甚至连每天吃过饭的碟子都不洗，吃完就收起来，第二天再拿出来用。而比起在南极需要自己在雪地里挖避风墙，在北极"上厕所"显得容易些，只要找到1米左右的冰丘，躲在后面就能稍微挡风。

北冰洋面上的海冰面积约有750万至800万平方公里，放眼偌大的一片冰天雪地，只有我们衣服的颜色点缀其中，我们就像是一格被人类遗忘在这里的部落。

这样艰难而寂寞的旅程，除了需要坚强的意志力，丰富的想象力也很重要。每天只有想象着各种美好的事情，才能心情愉快地向北走去。我经常在幻想昆明的美味、温暖的阳光，而北极的极昼也令我十分想念昆明的黑夜。

上天在考验我们的意志

4月27日
坚持8公里就是极点！

今天我们13个小时走了18公里。经过了7天的艰苦徒步，目前离北极点直线距离只剩8公里了。

云层遮住了太阳，天气阴沉沉的，天地连成一片，走着走着就产生到了空中的幻觉。下午天空中漂起了细密的粉末状雪花，但由于风不大，感觉不太冷。

昨晚睡觉前忘记把靴子里的保温层取出来透气，所以今天走得特别难受，靴子里湿漉漉的。途中还遇到险情，就在我们正要通过一条水道时，对面的浮冰突然开始移动，水道

极点的疯狂

中漂浮的碎冰块立即被吞没，领队带领大家紧急后退，撤离冰块移动的区域。

逃过一劫后领队才告诉我们，如果被卷入移动的冰块中，绝无生还的可能。

还有8公里的距离，本来打算坚持走到北极点，但越靠近北极点区域水道就越宽，冰丘也越大，如果加上绕行水道和攀越冰丘的路程，体力无论如何也撑不住。

一天的惊险和劳累把大家折磨得筋疲力尽，唯一让人惊喜的是，途中我们遇到了另外一支探险队，这支由8只雪橇犬拉着行李物品的探险队，有一名女领队，一名法国女队员和一名美国男队员。队员们寒暄起来，而这些可爱的雪橇犬看见陌生人并不排斥，摇着尾巴和我们亲近。在白茫茫荒无人烟的世界里走了7天，突然遇上其他人和动物，相信这样的惊喜堪比当初哥伦布发现新大陆。

4月28日

N90° 00′ 00″，极点的疯狂

最后的13公里，比起前几十公里来充满了更多的期待和艰险，因为冰裂缝更大了，道路也凹凸不平，四周几乎都被

宽大的冰裂缝阻隔着，我们靠GPS定位系统指引着，一直绕着这些冰裂缝向北极点前进。这13公里，仿佛穿越迷宫，必须得有足够的体力和智慧才能走出去，我们似乎环绕了半个地球了。

由于浮冰太薄，在一个冰缝前我还没来得及绕过去，就一个不小心“噌”的一声坠下去了，几乎半个身子都掉进了冷彻骨髓的北冰洋里，好在冰裂缝比较窄，我被卡在冰缝里，一半悬在冰面上，一半在水下。队友赶来将我拉出来时，整个裤腿上都是冰水,我几乎冻僵了，向导从冰面上抓起散雪往我潮湿的裤腿上擦拭促进水凝固，以缓解冻伤。

脱险之后想想，如果我再稍微瘦那么一点点，那后果可能就不堪设想了。

从冰洞里上来又坚持前进，今天跟往常不一样，大家很清楚已经接近北极点了，所以都想一气呵成直达目的地。GPS定位系统提示快到极点时，所有队员怀着希望向着心中期待已久的目标奔跑了起来，突然之间健步如飞。在北京时间4月29日凌晨2：45，GPS显示：N90° 00′ 00″，我与队友们11小时徒步了13公里终于到达北极点！

大家疯狂了，8天没有昼夜的极地徒步，双脚终于踏在北极点上，N90° 00′ 00″，已经忘却了寒冷和疲惫，一名队友甚至三两下把所有衣服脱光了高呼。我们举起一直放在衣兜里防冻的香槟酒高喊着“Cheers！”，零下20℃的低温里，只觉得热血沸腾。

我虽没有队友的豪放，可内心涌动的热潮也在冲击着我的思想和情绪，我抑制不住一遍遍用卫星电话拨给亲朋好友，想带给他们北极点的喜讯和祝福。激动地打完电话后，我一一展示了五星红旗、2008北京奥运旗帜、城建股份“追求卓越·超越巅峰”活动旗帜，还有活动支持单位的旗帜，把瞬间定格为永恒。此时此刻，我能做的就是和大家一起分

在极点展示国旗有一种抑制不住的激动

享这份喜悦和感动。

站在北极这片土地上，除了兴奋外，我更多的就是感动，每位探险家辉煌成功的背后都有着很多不为人知的艰辛，于我也是如此，我觉得人生短暂，能做自己想做的事情，能有幸实现自己的梦想，真是一种难能可贵的幸福，今生我能亲历珠穆朗玛峰顶、南极、北极这三处世界上最圣洁的纯净与极寒，我心中充满了不枉此生的感动。而眼见气候恶化，不知这天下净地还能存世多久，不免心痛不已，只希望能尽一己绵薄之力，感召更多的人关注、爱惜和保护我们赖以生存的环境。

一路行来，我心存感激！

轻松旅程：科休斯科峰

美丽的科休斯科峰

散步都能到顶的山峰，很惬意。

——飞豹感言

科休斯科峰海拔2228米，是一座由花岗岩构成的山峰，位于澳大利亚新南威尔士州东南角，澳大利亚山脉的雪山山脉上，是七大山中最低的。科休斯科峰第四纪冰川地形发达，1700米以下多森林，墨累河、雪河均发源于此，夏季为高山牧场，冬季山顶积雪，是滑雪运动的游览地。

1839年，波兰探险家斯切莱凯发现此山，并以波兰民族英雄塔迪乌什·科休斯科之名为其命名。

由于地理界线分类的历史原因，科休斯科峰和查亚峰其中任何一座都可以视为大洋洲的最高峰。查亚峰处在印度尼西亚同巴布亚新几内亚交界的位置。由于政局不稳定，近几年，这座山被封闭，不对登山和旅行者开放。所以现在登山者一般选择科休斯科山作为大洋洲最高峰来攀登。

2228米的海拔与其他山峰相比虽然不算很高，然而，登山界有这么一句话，每座山都有自身的特点。在这块神奇的土地上，科休斯科峰依然是位巨人，她和蔼地端详着、呵护着她的孩子们。

2007年5月24日

飞抵澳洲

在乘坐了10个小时的飞机之后，我终于抵达了九大极点探险活动的第六站——澳洲。今天，我将向澳洲最高峰——科休斯科峰发起冲击。科休斯科峰的高度是九大极点中海拔最低、攀登难度最低的山峰。在完成了珠峰和南、北极点探险之后，澳大利亚似乎成为了一个休闲探险之地。此次与我同行的，还有云南《春城晚报》的女记者李遥、云南海外旅游公司的汪涛以及我们公司的郭树忠和宁婷。

澳大利亚散发出来的自然与和谐不断给我带来惊喜与感

美丽的山景

美丽的山景

慨。放养的绵羊和牛群在草原上自由地漫步；在堪培拉的行政中心外面，一种当地独有的鹤竟然在汽车驶过的路边，肆无忌惮地晒翅膀；体形硕大的白鹦鹉是澳大利亚人的骄傲，它们三五成群地在树下嬉戏，一点都不怕人，据说它的一个蛋也值几千美元；黑天鹅在水中怡然而高贵地游来游去，岸边就是年轻的母亲带着孩子在散步，草坪还有女孩们在锻炼垫上运动……面对眼前的奇异景色，我忍不住跑上前去用自己的镜头迅速定格眼前少见的和谐。我入住的金得拜恩酒店的景色也非常美丽，透过住房的窗户就可以见到令人心旷神怡的自然风光。品着普洱茶的芬芳，躺在这与自然完美融合的山水间，真是人生的一大享受。

短暂的休息之后，我们踏上了通往科休斯科峰的旅途，路边不断出现车辆行驶提示牌，上面写着：“路边有袋鼠出入，请小心！”在路上，我们还真就看见了一只奔跑而过的袋鼠因为来不及躲过车辆而被压伤在路上。只见过提示车辆“小心行人”的我们对此颇有感叹，此地动物的待遇真是不同寻常！

和云南相同的地方是，澳大利亚有着400多种桉树，准确地说，她才是桉树的家乡。在这里，我最关心的是考拉到底是吃哪一种桉树。在一家中餐厅里，我还幸运地遇到了一位对中国很有好感的澳大利亚前移民部部长，她有着很深的中国情结，爱吃中国菜，曾经花了5万澳元学习中文，因此还受到攻击，但这里所有的中国留学生和移民都对她充满着好感。她和到这里用餐的普通人员一样，坐在桌边独自安静地享受自己喜爱的中餐。后来的交谈我才了解到，不仅这位女官员如此，就连总理早锻炼时也只有一个随从陪伴，真如常人一般无异。

在金得拜恩，当我在询问当地的气温时，远在乡村的一个小商店的店员，也能马上在网络上把我们要的讯息找出来，这可真让我感到诧异。

5月26日 轻松登顶科休斯科峰

山的前一天，大家还在和我开玩笑说，从8844米到2228米，这种高度就是穿着拖鞋也可以轻易完成的！但事实并没有队员们想象得那么容易。由于日前的一场大雪，山上仍大面积覆盖着积雪。

队伍从科休斯科峰山脚出发，乘车送登山队前往海拔1760米关口，在此高度，我们开始了9公里的徒步攀登，山路上的积雪约有30公分厚，在途中不断遇到家庭登山者和学生登山者，但人数还是远远不如我的想象。因为科休斯科峰锋山的海拔高度在我的心里，就跟登昆明的西山差不多，看来是

“虎视眈眈”盯着什么

慵懒的袋鼠

不知名的小动物

可爱的考拉

上周的降雪给登山的人们带来了一定的难度。7月、8月、9月是这里的冬季，也是滑雪和登山的旺季，这里会热闹起来。

泥泞的道路边上，1800米高度以下有些造型奇特的桉树，在和当地人的交谈中我才了解到，原来是几年前的一场山林大火将这些桉树烧毁了一半，后来复苏了，现在它们又开始茁壮成长了。过了2000米后，我们就很少能看见植被，山石上都挂着冰凌，可以判断出山上夜间的温度都在零下5度左右。不时还可以看见袋鼠三三两两地快跑过公路，它们在与人的相处过程中，似乎已经学会了躲避过往的车辆。据探险队的向导、澳籍华人山姆（Sam）介绍，中国人来此地的很少，他这是第一次接待中国人，但其实，我的不少国内登山健将朋友已经来此攀登过了。

公园里避难所和救护设施完备，每3公里就有专门的避难所，里面设施完备，木材、火炉、床位等设备一应俱全，在接近顶峰3公里处的一个避难所里，我看见墙壁上还有1928年的登山队员们的照片；还有1990年几个登山爱好者遭遇暴风雪迷路后不幸身亡的记录，有关部门后来专门找了3个月才找到了他们的遗体。可见，此山海拔虽然不高，但善变的天气在早些年，还是导致山难的主要原因。桌上的记录本上记录了来自世界各国人冲顶的雄心壮志，但却唯独缺少中文记录，大家一致推选我为代表，在上面郑重记录下中国人冲顶成功的这一天，并向世界登山爱好者宣告云南人和“九大极点”的壮举。我提笔写下了“向曾经攀登过和即将攀登此山峰的所有华人致以诚挚的祝福”的留言，之后大家一一签名。

北京时间11：00，我只穿着短袖T恤即带领队员们抵达了科休斯科峰最高点2228米，顶峰的温度只有5℃~6℃，但兴奋的情绪已经把我暖成一团。在峰顶，我展示了五星红旗、奥运会旗帜、城建股份旗帜和“昆明精神”旗帜。向导山姆在经过了艰难的攀登后，忽然在顶峰看见了祖国的旗帜，马上激动起来，一定要拉着国旗和我一起见证这个光辉的时刻。

轻松登顶

展示国旗

下山的路上，大家讨论起此前看见过的一些网络文章，那位运气不佳的作者把文章写得惊险万分，队员们看得心有余悸，但登下来，却发现反差很大。无论如何，我又完成了九大极点的一个项目。

5月27日
悉尼印象

完成了澳洲的终极任务后，我们立即返回悉尼。金得拜恩距悉尼457公里。我们依旧开车出发，一路上见到了广阔的平原，也是运动休息的最佳天然场地。澳洲原生态的自然环境，造就了当地人喜爱自然奔放的运动项目的天性。旅游团队很多，还经常见到航空运动项目，高空跳伞、驾驶蜻蜓飞机翱翔蓝天这些都是当地人的日常运动项目。后来我才知道，当地持有飞机驾照的人比比皆是，飞机驾照每年都要考核，只要架次不够，就被吊销。澳大利亚人对户外运动的热情可见一斑，简直难找第二。澳大利亚人口平均寿命为82岁，这在全世界都是名列前茅的，想必这和他们对户外运动的喜爱有着密切的关系。

澳大利亚的绵羊油是全世界出名的，我们一行的女队员不失时机地打听其护肤功效。说到保养皮肤，队员们都一致问起我为什么年过40皮肤还这么好，这么年轻。我开玩笑说："我希望我可以这样到世界各处探险，一直到60岁，到那时候，我要么开始做化妆品代言人，我的脸就是最好的证明，像现在一样没有人能看得出我已经超过40岁；要么就是

远眺悉尼

和谐

到世界各地作皮肤护理讲座。”

事实上，在我的探险生涯中，我的皮肤有过太多的灼伤和冻伤，经过这样多年，我已经养成了良好的习惯，每次到极地的环境中，我都会特别注意皮肤的保养和保护，尤其是对紫外线的防护，面罩、太阳镜、遮阳帽一样我都不少带上，如果皮肤晒伤或冻伤，我会不停地补水，并对皮肤进行专业养护，让自己回到最年轻的状态。我对生命始终有着非同寻常的理解和希望，因为我已经历过太多千钧一发、惊心动魄的生死考验了，所以，在探险途中，我会经常与大家开玩笑，以激发大家的热情。也许，这就是我给人们留下既年轻又充满活力印象的原因了。

我们不久便到达离悉尼市区仅50公里的悉尼奥林匹克公园，它是2000年悉尼奥运会的主场馆，也是目前世界上最大的奥运场馆。这个场馆的污水处理设施、太阳能设施都体现出了超强超前的环保意识。在这里还可以见到当地专门为残疾人服务的出租车，这种车最特别的地方就是设计非常巧妙能够容纳下残疾人的轮椅，为很多残疾人提供了很大的方便。我想我们国家也应该在这些方面向他们多学习，让每一个人都能开心地生活。

美洲巨人：麦金利

远眺麦金利

真实地体验了一次“上刀山”。没有珠峰高，但攀登的艰难程度丝毫不亚于珠峰。阿尔卑斯式是自助型，喜马拉雅式是服务型，在美国，一切都得靠自己解决。麦金利就是一座登山学校，那里让我学到了系统、规范的登山知识。

——飞豹感言

麦金利山海拔6194米，是北美洲的最高峰，位于美国阿拉斯加州中南部，当地印第安人称之为德纳里峰，印第安语“太阳之家”。

麦金利靠近北极圈，在开阔的大平原上，她孤独地屹立在那里。她山势险峻，高海拔处终年积雪；层层冰盖掩住山体，无数冰河纵横其中；虽然顶峰只有6194米，但周围景象却酷似北极，有时候，风速可以达到每小时160公里，冬季最冷时气温低于零下50℃，在这里登山如同在北极探险。

麦金利整个山峰线路长且陡，有很多大于45°的陡坡。单从这点来讲，麦金利的攀登技术要求就非常高。登山者需要不同的技术和较好的体能才能克服攀登途中各种不同的冰壁、雪地、岩壁、冰河等地形障碍。

与攀登珠峰、文森峰、乞力马扎罗这些山峰不同的是，这次登山不设专门的高山协作，队员实行阿尔卑斯式自助型登山，其个人装备以及其他生活用品都必须由队员自己随身携带，这无形中又增加了登山的难度和体力消耗度。

2007年6月8日
麦金利的向往

在轻松登顶大洋洲最高峰科休斯科峰后，我再次只身一人代表“全球九大极点顶级探险活动”起程前往北京，短暂停留后于11日飞往美国，开始第七站——麦金利的探险。

麦金利——北美洲最高峰，又称为德纳里峰，位于美国阿拉斯加州中南部，海拔6194米，靠近北极圈开阔的大平

原，她就屹立在那片孤独的大地上，地势险峻，气候寒冷。由于山体靠近北极圈，虽然顶峰只有6194米，但周围景象却酷似北极，层层冰盖掩住山体，无数冰河纵横其中，有时风速可达每小时160公里。在我心目中一直把她称作“北美冰山美人”。在这里，冬季最冷时气温低于-50℃，探险者需要忍受极低的气温、大风和长时间的冰雪徒步，因此登顶成功率仅为50%。探险家对于麦金利的挑战直到1913年，以特德森·斯图克为队长的4人登山队终于在6月7日由队员沃尔特·赫特登顶北峰。终于将成功登顶麦金利的记录载入史册。麦金利的探险历史可谓是美与险的结合，多少代探险家为之付出了生命，世界著名的日本登山家植村直己就是在1984年冬季攀登此山时遇难身亡，成为麦金利山攀登史上第四十四位殉难者。他之后还有山田升等很多知名的登山家攀登的脚步在这里终结。

正因为麦金利具有美的享受和险的考验之双重性质，她也成为了探险家们一直向往的必到之地，有了阿空加瓜的经验之后，我始终相信：“每座山都有她的特质”，所以，麦金利之行我绝对不敢掉以轻心，攀登珠峰的装备又派上用场了，并且，我在各方面还进行了精心的准备。

说起这一站的难度，除了登山本身外，还包括美国签证的办理。就在我去递交签证材料的时候，前面已经排了很多人，签证官对签证材料检查得非常严格，要求也多，很多人都因为各种原因被拒签了，我心里也是忐忑得很。可让我意外的是，当签证官看到我的名字时，就只翻看了一下必要材料是否齐备就给开了个证明，让下午4点去拿签证。正惊奇间，签证官说他听说过我，祝我能成功登顶。我心里一阵窃喜："签证官看在我是登山者的份上，给我开了绿色通道，算是占了个小小的便宜！"

与前几次不同的是，这次麦金利登山结束后，我还要返回纽约作巡回演讲，演讲是受纽约州立大学、纽约州华人社区等社团机构邀请，在大学和社区进行6场以探险、云南民族文化及怎样在中国投资等主题的演讲。纽约州斯科耐克特迪电视台还邀请我作为一档现场采访节目的嘉宾，向美国观众介绍我的传奇故事。在邀请函中，节目总监这样写道："你的不断超越自我的精神、你们的昆明精神很让我们感动。纽约市民希望和你们分享这些欢笑、泪水和激动的时刻。"

6月12日 飞跃3万英尺的距离

麦金利之行，我一直比较迫切，所以提前3天到北京，一是为了接受旅游卫视和《新旅行》杂志的专访，二是留出时间做好充足的准备。6月11日正式踏上了去麦金利的征程，12日，经过14个小时的飞行，在旧金山转机后我终于抵达了美国阿拉斯加州南部的港口城市——安克雷奇。

安克雷奇是阿拉斯加最大的城市，整个阿拉斯加有61万人口，其中40%的人就住在这里。安克雷奇在英语中的意思是“古代锚地”，从地图上可以看出，安克雷奇位于狭长的库克海湾顶端，最初这里是躲避北太平洋风暴的最方便的抛锚休息的港口，小城由此而得名。这里先后留下了俄国人、英国人和美国人的足迹，尽管所有来过这里的人无不喜欢这块宝地，但没有人（即便是当地的土著人也没有）在此永久地定居。直到1914年，为了便于开采菲尔班克斯的金矿，阿拉斯加开始修建铁路，到了1957年，在安克雷奇南边不远的基奈半岛发现了石油，安克雷奇便快速发展起来，购物中心和较高层的办公楼开始出现在阿拉斯加的土地上。此后，由于世界的航空业获得快速的发展，安克雷奇特殊的地理优势显现出来。从安克雷奇8个小时可以飞到纽约，9个小时可以飞到伦敦，7个小时可以飞到东京，9个小时可以飞到上海……总之9个小时内能够到达95%的工业化社会。于是安克雷奇成为了“世界航空线的十字路口”，往返亚洲城市与美国东岸之间的航班多数要在安克雷奇降落加油。

我住在小城郊外机场附近的酒店，打开窗户可以看到茂密的桦树、柏树和松树林。上午我特意到市中心寻找中餐馆，问了很多人，好不容易找到一家。经营这家中餐馆的是第四代华人，他们已经不会说中文了，但这里做的中国菜非

托克特纳小镇

常地道，在异国他乡能吃上正宗的中餐也算是大饱口福了。饭后我到街上随处走走，很多户外运动的广告会“不失时机”地映入眼帘。可想而知登山、漂流、徒步、垂钓和观察野生棕熊是这里最受欢迎的项目。目前正值安克雷奇的旅游旺季，酒店、旅游商品店生意红火，街上热闹非凡，城市的发达程度几乎让人忘记了这里是北极的城市。

此次和我一起攀登麦金利的另外7名队员都来自美国，其中最小的23岁，最大的54岁。8名队员、3位向导一同组成了一支国际登山队，一起完成登山探险。

队员集合后，乘班车约3个小时抵达了托克特纳小镇。托克特纳与麦金利东南方向直线距离约60英里。小镇的长住居民仅有500来人，但在每年的5~7月间，大约有1000多名来自全球各地的探险家云集于此，从事与麦金利山有关的各种探险活动，所以小镇上的旅游设施非常完备。小镇居民的木制小屋类似摩梭族的木楞房，房前装饰着驯鹿头骨和鲸鱼骨，充满了阿拉斯加气息。这里还有一个小型机场，机场上停着的十几架小型飞机多用于运送旅客和行李物品。游客也可以乘坐小型飞机从空中欣赏阿拉斯加壮丽的雪原风光，或乘坐越野车旅行，乘坐喷射游艇，钓鱼，自驾房车旅行等。这个季节小镇的天气很好，一片春色盎然的景象，只在远处的山上能看到积雪。而一天中也仅有两三个小时太阳落山，给游客充足的时间饱览小镇美景。

6月14日

阿尔卑斯式登山初体验

今日天气很好，队员们都在此细致整理和检查登山装备，并在向导的讲解下进一步认识麦金利的登山线路、登山技巧以及登山过程中可能碰到的各种陷阱。

从讲解幻灯上，我能看出来，登麦金利峰的确是存在很多考验的。整个山峰线路长且陡，有很多大于45° 的陡坡。单从这点来讲，麦金利的攀登技术要求就非常高。与珠峰、文森峰、乞力马扎罗这些不同的是，这次登山不设专门的高山协作，队员的个人装备以及其他生活用品都必须由队员自己随身背着，这无形中又增加了登山的难度和体力消耗度。

每座山都有自己的特点。因此，登山技术相应有所区别，没有高山协作，这次的攀登就完全运用阿尔卑斯式攀登技巧。阿尔卑斯式的攀登并没有严格的定义，但它通常是指在高山的环境之下，以个人或两三人的小队来登山，以轻便的装备，快速的行进速度前进。中途没有外界的补给；也不需要架设固定绳索以方便反复地上升下降来适应高度与补给物资，需要队员一鼓作气登上山顶并且平安回来，若是不能登顶就折返。这是最能体现独立自主登山精神的一种登山方式，对我个人来讲又将是一次极大的新考验。

初尝“阿尔卑斯式”登山

冰、雪、岩的混合地形

由于麦金利山势险峻，高海拔处终年积雪，登山者需要使用到不同的技术才能克服途中各种不同的冰壁、雪地、岩壁、冰河等地形障碍，要求队员除了平时做好攀岩与冰雪地的训练之外，也必须有很好的脚程与心肺能力。

快速，以降低山难发生率

行动迅速可以减少危险，特别是在天气多变的高海拔山区，行动迅速表示比较能快速通过危险的环境。一般而言，在高海拔区域，很多的山难都是因为停止行动时发生率较高。

轻便但不随便

为了讲求行进的速度，以免过重的装备或食物压垮自己，队员必须将食物尽量地精简，装备也尽量地轻量化，把不必要的通通舍弃不带，只带必要的装备。轻量化的同时也就是表示，队员们吃的、喝的、燃料、装备都没有多余的量，所以不能出错！一旦出错就没有挽回的余地。选择装备是一门高深的学问，该携带什么装备也是高度的艺术，这全凭登山的经验。必要的装备包括所有登山中所需要的技术装备、食物、饮水、急迫露宿等装备得一应俱全。

绳队技巧

绳队作业也是阿尔卑斯式攀登的一项特色，通常是结两人或三人的绳队，有时候为求行动迅速也可能不结绳队，但在整个攀登过程中，多数时候同组的队员都必须用保护绳连在一起，每个队员身上都携带了微型无线电信号发射器，以便在遭遇雪崩时能够及时测出遇难者的准确位置。

在了解了整个登山的装备要求和技术需要后，向导要求我们仔细检查自己的装备，如有漏缺的必须在托克特纳买了补齐，尽量减小登山障碍。向导还要求明天出发时一律穿上防寒服，虽然此地还阳光明媚，但一到2225米的大本营将可能是一片截然不同的冰天雪地。

6月15日 麦金利印象

上午10：30，我们乘特型小飞机起飞，45分钟后抵达麦金利2225米的大本营。

营地集聚了来自美国、日本、韩国等不同国家的登山队。大本营没有我们想象的那么冷，气温在15℃以上，反而是一片阳光灿烂，在四周白雪的反射下，更觉明媚，有些队员甚至躺着晒日光浴，享受着雪地阳光的温暖。在大本营可以清晰地看见麦金利主峰，距此地垂直距离4000米左右。

对每位队员来说，无论是否攀登过多少山峰，攀登麦金利都得从零开始。领队一一向我们教授了全套登山要领，包括冰镐、冰爪、上升器的使用；如何在滑坠时呼救，等等。可以说对每个队员来讲，这都是一次难得的登山培训课，也是一次很好的体验和学习机会。

麦金利有着一支完善的后勤保障系统，从运输、急救到环保一应俱全。大本营停放着几架随时候命的急救飞机，领队还给我们每位队员配发了无线电追踪器，以防万一队员遇险时可凭追踪器找到队员的位置。麦金利对登山环保要求也是非常严格的，所有队员登山期间的生活垃圾、排泄物都得随身背着，一直到登顶下撤后才集中处理。

对我来说，除了背负装备和生活垃圾外，还有登山期间

这里积聚了多个国家的登山队

的所有路餐也是一大问题。昨日临时才被告知，登山期间所有路餐都得由队员个人负担，也就是说我还得自己准备登山期间的路餐。在得知这一消息后，我就在托克特纳现采购了足够维持20天的干粮，有奶酪、饼干、水果、方便米饭，当然最多的依然是巧克力，所有食品加起来足有8公斤重，这是一个不小的负担。

6月21
与世隔绝的日子

从17日开始，我们就一直在2438米一号营地至3353米三号营地凹槽似的路段往返，一是做适应性训练，二是运送物资。由于地势形如凹槽，四面环山，随身携带的卫星电话接收不到任何信号导致无法与外界取得联系。这段期间，每天重复着同样的训练和生活，五六天与世隔绝的日子让我深刻体会了登山的孤独，也让我想起一句话：人不能不活在人群中。

6月22日
巧遇台湾同胞

经过了几天与世隔绝的反复训练之后，我们上到4389米四号前进营地，终于可以用卫星电话了，我不停地给亲戚朋友打电话报平安，相信好几天没有我的消息，大家都非常担心。

四号营地有一块特意留出的空地，是专供营救直升飞机停放的，这里还专门设立了登山管理中心指挥部，随时候命，如有意外，飞机将在30分钟之内前来营救，安全保障系统非常完善。

麦金利的攀登完全是自助的阿尔卑斯式攀登，我们根本不能指望有高山协作分担些许重担，所有队员既是搬运工又是建筑工。之所以说搬运工，是因为麦金利的攀登过程中，每个营地之间需要来来回回地运送物资，队员都是身负25公斤的背包，手拉30公斤的雪橇，体力消耗相当大。艰难地到达营地后，刚卸下“重担”，又得马不停蹄地用钢锯把雪块锯成雪砖，一“砖”一“瓦”地搭建帐篷，酷似营地建筑工人。

除了较大的体力消耗外，麦金利的山势和路线也给我们相当大的考验。一路上不断出现的冰裂缝和雪崩让我们走得心惊胆战。每遇冰裂缝，向导都会第一个上前探测，有些冰裂缝只要轻轻一捅后，顷刻间就是万丈深渊，此时向导就会

巧遇台湾同胞

在上面插上一面红色小旗子以警示队员绕行。至于雪崩，我们在天气比较好的情况下都能看见远山不时出现，由于离我们还有一定距离，暂时还不构成威胁，但并不代表绝对安全。

一路上，我们会经常碰到其他的外国团队，美国、德国、法国、日本、韩国的都有，有登山的，有滑雪的，无论男女，无论老少，看起来个个精神抖擞，充满活力。最让我感到意外的是，竟然碰到了正下撤的5人组台湾团队。我们都显得异常惊喜，他们毅然取消下撤计划决定宿营四号营地邀请我一起聚会。在相互介绍后，我得知他们中有2位队员也曾成功登顶珠峰。在听说我此行是为了完成“7+2”的探险活动后，大家对“7+2”产生了浓厚的兴趣，并表示愿意向我学习，努力完成“7+2”的顶级探险。这些台湾朋友还

在4400米享受台湾同胞的美食

热情邀请我攀登台湾最高峰——玉山（海拔3952米）。一番热烈的交谈后，他们还特意做了一餐丰盛的中国菜招待我，这对于吃天天美式快餐的我来说，简直就是人间美味。与前几天孤独而枯燥的时日相比，不得不承认今天的聚会是我进山10天来最快乐、最轻松的一天。

6月25日 老年登山家的启发

原本计划23日上到5243米五号突击营地的，可接连几天的暴风雪，让队员们3天来一直滞留在四号营地，原登山计划只能根据坏天气周期依次顺延。不过对于高海拔天气的突变，我已习以为常，早就有心理准备了，目前我们储存的食物大概还能维持6天左右。

几天来的暴风雪把登山线路给覆盖了，整个营地被浓雾笼罩着，夜晚的帐篷被积雪和大风侵袭后，每天早上起床我们做的第一件事情就是必须花功夫修整营地以确保安全。

一同被围的共有10多支登山队，和我们营地比邻的是日本老年登山队，在闲暇的时间里，我走访了他们。这支队伍大部分队员都已年过花甲，年龄最大的76岁高龄，但一个个精神饱满，很有登山家的风范。我被这些老登山家从容和无畏的登山精神深深打动，也希望在自己七八十岁

日本老年登山队

日本登山家在营地晒鱼

的时候还能跟他们一样精神焕然。他们的精神风貌很好地诠释了“生命在于运动”！同样的爱好让双方交流起来都难免说到登山的话题上，他们中有2名老队友曾经登过珠峰，在得知我正在完成九大极点的探险时，都非常吃惊，并给了我最好的祝福。和他们交流，我边说着简单的英语边手写汉字表达，他们基本上能明白我的意思，两国文字语言的渊源着实让我感叹。

6月28

艰难的5243米

一大早就接到向导通知：“今天天气晴好，我们将攀越1100米的垂直距离向五号突击营地进发。请大家准备好机械式上升器、冰爪、冰镐、铁锁和坐式安全带，因为其中的700多米是坡度较大的冰面山脊。今天的攀登将会非常艰辛，请大家做好充分的准备。”我之前就对麦金利整个山体

全副武装的金飞豹

有所了解，五号突击营地的难度相当于珠峰8300米的难度，虽有万分准备，但还得小心谨慎。

队员们仔细检查好装备后，在向导的带领下上路了，同行的还有另外6支美国登山队和日本老年登山队。

麦金利的登山向导只负责领路和提醒队员注意事项，其他事情均由队员自己全权负责。一路沿着陡峭的冰面山脊攀登，两边是万丈深渊，有的地方宽度仅够一只脚通过，不能有半点闪失。攀登必须借助机械式上升器、冰爪、冰镐等装备，并和队友结在一条组绳上。麦金利的相对高差达4000米，已超过了珠峰的3600米，并且没有登山协作帮助分担行李，单我的背包就有30多公斤，天气多变，登山的难度、险度、体力的消耗和意志力的考验甚至大于攀登珠峰。

中午12：00，经过8个半小时的艰苦攀登，终于到达了海拔5243米的五号营地。

到达营地时又开始下起了大雪，气温骤降到-20℃左右。这次探险活动的劳累程度仅次于攀登珠峰，但目前我的身体状况还算好，之前腰部的轻微扭伤在护腰的保护下也有所好转，攀登的劳累已经让我感觉不到腰部不适了。躺在四人一间的帐篷里，由于高强度的攀登，队员们都已筋疲力尽，只一会儿工夫就睡着了。

6月30日

冲顶，锋刀口上走一遭

6月30日凌晨，我在睡梦中被向导叫醒，根据当地天气预报得知天气情况较好，向导决定今日冲顶。带着几分的兴奋我们出发了，五号营地距顶峰的垂直距离有951米，线路十分陡峭。

从海拔5243米的五号营地到6194米顶峰的路线非常陡峭，道路上覆盖了厚厚的冰雪，攀登十分艰险。在海拔5600米处，另一支队伍里的德国人由于体力严重透支晕倒了，向

行走在刀锋一样的山脊上

在顶峰展示国旗

导把他送回五号营地又回来追赶我们。在距离顶峰约100米处，有一段如刀刃般锋利的冰山，人要走在悬空于山体外的雪檐上，如果发生崩塌，就再也没有生还的可能。和我同队的3名队员见状放弃了登顶，其他队也有一些队员开始下撤。冲顶时越来越多的人选择了放弃，见此状况，我没有任何打退堂鼓的意思，我默默地给自己鼓劲儿，虽然已经是饥寒交迫、口干舌燥，但我想只要坚持，就有希望。我与向导表示要坚持冲顶，当时已经顾不上害怕了，心里只有一个信念：我一定能行！

就这样，我咬牙坚持下来，用理智和勇气走完了最后的100米，100米对于刘翔来说只是12′88″的距离，但对于每个登山者来说这又意味着什么呢？失踪？死亡？都有可能。在向导的指挥下，我铆足劲靠着坚强的毅力最终登上了顶峰！此时正是北京时间中午12：05。麦金利顶峰上只有2平方米左右的一小块平地，登顶的队员只能轮流拍照，拍照时还要把冰镐插在雪地里作为防护。我兴奋地一一展示了国旗、北京奥运会旗帜、昆明精神旗帜等，当我拿出奥运旗帜时，很多队员都表示想来北京观看奥运会，听他们这么一说，我立马在顶峰大声地说：“北京欢迎你们，北京会给你们一次崭新的奥运会体验！”

在顶峰不能停留太长时间，队员们抓紧每分每秒拍照，之后就迅速下撤，但下撤并不比攀登容易，小份的方便食品所提供的能量已经消耗殆尽，大家开始感到体力不支了。同时，下撤途中随时都有可能发生滑坠，队员们丝毫不敢松懈，我是强迫自己集中精神，手上的冰爪攥得紧紧的，下山后，当我回头看走过的路时才感到很后怕。麦金利的攀登成功率仅有50%，对于攀登技术、体力以及天气状况都有很高的要求，我觉得其攀登难度仅次于珠峰，但不同的是，在珠峰是中国组织的团队，能感觉到很强的凝聚力和精神支持；而这次是来自不同国家、有着不同文化背景的人组成的团队，要和队友们进行无障碍的沟通，对我也是一个挑战。

从凌晨出发到登顶至安全下撤到五号营地一共16小时。虽历尽艰险，但一切还算顺利，终是守得云开见日出！

7月2日
托克特纳惊现云南陈年普洱茶

经过2天的艰难下撤，我和队友安全返回了麦金利山脚下的托克特纳镇。看着小镇阳光普照，跟麦金利高山上的天气有着天壤之别，不过听当地人说小镇已连续几天阴雨绵绵，今天才突然放晴，看来老天也发了善心要好好给我们这队人晒晒太阳了。

我的心情也像今天的天气一样晴朗，19天没有洗澡，今天享受到了热水淋浴，19天都吃方便食品，今天吃到了热腾腾的米饭，心里的愉快简直没法形容。

洗净吃饱后，我又忍不住到小镇上逛。在一家由当地人经营的小商店里，我惊奇地发现6块250克的云南普洱砖茶，泛黄的包装纸上写着“中国土产畜产进出口公司云南茶叶分公司”字样。店主说他并不清楚这些薄纸包的块状物究竟是什么，在很多年前接手经营这家商店时就已经有了，多年来这些货品也无人问津，更没有人知道这些东西的用途，没想到今天竟然由一个来攀登麦金利的中国人揭开了谜底。我立即拨通了昆明普洱茶专家朋友的电话，据我这位朋友分析，从公司的名称及茶饼的成色推断，这些砖茶应该是20世纪70年代出口的，该公司的前身是成立于1944年的云南中国茶叶贸易股份有限公司，这批茶可能是由移民华人带去的，也可能是云南茶叶分公司通过广交会出口到美国的。听完他的分析，我觉得非常具有收藏价值，于是将6块砖茶全部买下了。

托克特纳小杂货店惊现云南普洱茶

能在阿拉斯加边远小镇发现云南普洱茶，这带给我很大的震撼，但回想这里的人甚至连店主都不知道自己卖的为何物，我心里难免有些惋惜。云南普洱茶近年来流通很广，但了解它的人其实并不多。我们现在的宣传深度还不够，需要结合普洱茶文化在省外甚至国外做一些有文化内涵的活动来进行宣传，让更多人了解云南的普洱茶。

7月6日 我的美国“粉丝们”

经过了几天的奔波，为事先计划的个人巡回演讲，我来到了美国纽约州首府奥尔巴尼，并住在老朋友也是昆明市民的老朋友葛瑞格·米莱特先生家。说起葛瑞格，昆明的市民大多都非常熟悉，2005年葛瑞格向昆明捐赠了其父作为二战时期美国援华军医（克林顿·米莱特）在中国昆明拍摄的第一批彩色照片，并由我系统策划了“华夏·1944·彩色昆明图片展”、“等你，在1945”为主题的影展，这些展览在昆明获得了空前的成功，反响很大。

奥尔巴尼的环境优美，气候宜人，加上朋友的热情，让我有了回家的感觉。在7日晚上，葛瑞格在他家后花园为我精心准备了一场盛大的欢迎酒会，邀请了近100位客人参加，其中大多是当地知名人士，有著名作家、音乐人、华人社团负责人、大学教授、科学家、当地媒体以及2005年我访问美国时结识的老朋友。他们中大多数都称自己是我的铁杆粉丝，并每天关注我的探险消息。大家都非常敬佩我能把北京奥运旗帜逐一地送上世界七大洲之巅以及南北极点，赞扬我精神可嘉，我赢得了他们的尊重和尊敬。美国是个崇尚探险的国家，怀着这份热情，他们纷纷像我咨询攀登七大洲和徒步南北极点的条件。在场的朋友们都纷纷表示要参加我接下来的每场讲座。他们对于我个人演讲的热情超乎我的想象。

演讲将持续到7月22日，除此之外还要接受当地电视媒体的现场采访以及报纸广播媒体的专访。此次我到奥尔巴尼计划开展6场专场巡回演讲，讲座分为4个不同主题，分别为：《从中国的少数民族村寨到全球九大极点》、《在中国做生意的策略》、《现代探险家》、《登世界七大洲最高峰和徒步南北极点》。关于我的专场讲座的消息已经刊登在当地的几家报纸媒体上，引起了各界的关注。借这样的机会，一是

“分羹喽！”
回想起在山上时其乐融融的大家

我能与大家分享精彩的探险经历；二是能大力宣传2008北京奥运会；三是能为我在登顶麦金利峰后提供最好的修养环境。

7月11日

演讲场上的题外问题

今日，我在奥尔巴尼某老年活动中心作了主题为：“从中国少数民族文化到全球九大极点”的专场演讲，观众都是当地很有声望的退休人员约100余人，其中有一部分人曾到过中国，对中国以及中国少数民族文化有些许了解。我向大家一一介绍了中国尤其是云南多元化的少数民族文化以及迷人的自然风光，并通过幻灯展示了60年前的老昆明与现代化

据说那就是雪崩前的一些征兆

的新昆明的对比，昆明60年来翻天覆地的变化引起了在场观众对这个神秘之城的一片唏嘘和向往。

其间，观众的提问成了今天演讲的重头戏，他们就中国的少数民族文化以及中国的很多他们看来很不理解的问题纷纷向我提问，其中涉及中国的教育问题、中国的计划生育问题、中国的环境问题甚至中国吸烟人口众多等等问题。在说到中国的计划生育问题时，我首先就明确表示自己是计划生育的坚决拥护者，我说计划生育是根据中国基本国情而出台的重大国策，是有利于中国可持续发展的伟大决策，需要我们几代人为之努力。其他问题我都一一为他们做了阐释，把这场演讲逐步推向高潮。

其实，这场演讲已经远远超出了我的主题范围，美国民众对中国的好奇和不理解大大超出我的想象，整个现场气氛就像是中国官方发言人在接受尖酸的记者提问。终归大家还是对我智慧而幽默的回答报以了一阵阵热烈的掌声。

7月14日 挖掘出来的民族渊源

我受邀参观美国印第安博物馆，印第安民族是美国土著少数民族，是美国本土古老文化之一。博物馆陈列出其历史、生活习俗、手工艺制品，每日还有对外的民族服饰展览以及印第安歌舞表演。

再次参观印第安少数民族博物馆，我的心思又转到自己几年前就开始倾心研究的课题——中国佤族与美国印第安民族缔结友好民族，这个课题起源于1995年访问美国时萌发的念头，当时也是在参观此馆，当时就觉得美国印第安民族和中国的佤族在文化上有着惊人的相似，后来回国后一直潜心研究，收集相关资料，开始了两个民族的对比文化研究，这是国内极少数的研究课题之一。

看着美国的印第安民族能够以宏大的阵容和气势向世界展示着自己的风姿，我们中国的佤族也应该放开步伐走向世界。我希望通过我们的努力待时机成熟时，能由自己来完成两个民族之间的互相交流和学习，并实现缔结友好民族的夙愿。

我将自己的想法以及研究成果与印第安酋长沟通后，还向他展示了中国佤族文化的精彩图片，大家发现了两个民族间果然有着很多惊人的相似，尤其是在民族图腾、生活习俗等领域更是让大家不得不承认两个民族的渊源。印第安酋长非常赞同我的想法并表示将给予积极的支持和响应，希望能为这个伟大的事业提供国际性的交流平台。

站在顶峰极目望白茫茫大地真干净

7月21日

别样的麻省理工，别样的校长

今天我和葛瑞格及奥尔巴尼大学的两位老师受邀访问了位于波士顿的麻省理工大学。它是美国一所著名的私立理工科大学. 校址在距波士顿市区不足5公里的坎布里奇。中间隔一条查尔斯河，校园沿河畔伸展，它与哈佛大学一起，把坎布里奇市组成了一个名副其实的大学城。

都说麻省理工学院执科技工程界的牛耳，来到该校就能明显感受到一股高科技气息。有人称麻省理工学院为“疯癫精神病院”。对不知内情的人来说，第一印象或许如此。然而，麻省理工学院的最成功之处就在于它独特的教育方法。它“最基本的注意点是研究，即充分发挥我放任学生独立地去探索新问题”。恰恰是这种奇异、怪癖和与众不同的环境，造就了一大批献身教育事业、顽强拼搏且成就卓著的科学家。也正因为如此，才使它成为全世界有志青年衷心向往的“麦加圣地”。

校长带领我们参观了学校，他非常赞赏我的胆识和勇气，并遗憾地表示因为正值暑假，否则他一定要请我为学生做演讲。中午，校长邀请大家在学校餐厅共进午餐。午餐是自助式的，俭朴但十分美味。他单独和我们在一起，没带一个陪同。吃完后他从自己的钱包里掏钱结账，可见世界顶级名校的风格和效率，比起国内某些公款大吃大喝成群结队地接待氛围，这显得更加公道，也更亲切、更轻松。

在与校长进一步的交流中，我们初步商定了年内在麻省举办60年前由二战时期援华美军在昆明拍摄的彩色老照片以及现代昆明照片展览。这将是昆明向一所世界名校展示自己的风采及文化底蕴的绝佳机会，同时也将增进美国青年对中国的了解。

美国之行总算画上了圆满句号，我提前3天抵达北京接受旅游卫视和《新旅行》杂志专访。随着麦金利登峰的成功，我还将继续完成最后几座山峰的攀登。目前除了全球九大极点的探险之外，我和我的团队已开始将工作重心转移到

人生如棋局

“百年奥运·传奇见证——2008‘奥林匹克魂’世界奥运邮品全国大型巡展活动”以及“中国奥运世界行——80天奥运环球活动”的准备工作上了。奥运会邮票是见证奥运会历史、展现奥运文化的一种独特的传播载体。“百年奥运·传奇见证”邮票巡展活动的初衷就是“向北京奥运献礼”，初步选择在昆明、上海、香港、青岛、天津、北京等主要城市举办巡回展览，用独特的方式宣传北京奥运会。在展览结束后，我还会将自己收集到的历届奥运会共13500余枚邮品捐赠给北京奥组委或中国国家博物馆收藏。

与邮票巡展活动相呼应的80天奥运环球活动则是秉承传扬“中国奥运精神”的宗旨，以民间自发组织形式，向世人展示中国人致力于现代奥运的中国奥运精神。“80天奥运环球活动”沿用了“环球”这一概念，结合“奥运”这一世界共知的大型主题，以“北京”作为活动的出发点和归宿。行程寓意：2008北京奥运会将会是世界瞩目的中心，世界所有行动将会围绕北京奥运这一主题运行。活动队伍将到达历届举办过现代夏季奥运会的国家和城市，联合当地奥组委、中国驻当地大使馆以及其他奥运社团开展关于奥运的一系列宣传和交流活动，活动历时约100天，期望打造一个世界环球奇迹。

火山之子：厄尔布鲁士

火山之子厄尔布鲁士

攀登途中一场始料不及的雪崩，让死里逃生的我深深记住了“厄峰”。我在那里遭遇了所有登山者的“杀手”，虽然有幸逃过一劫，但现在想起依然心有余悸。

——飞豹感言

厄尔布鲁士峰，海拔5642米，欧洲最高峰。高加索山脉的主山脊线，就是俄罗斯与格鲁吉亚的国境线。厄尔布鲁士峰就位于主山脊线以北的俄罗斯境内，有50多条冰川，在8月份，雪线位于3400米；冬季结冰区在海拔4300~4900米之间。厄尔布鲁士峰，是大高加索山群峰中的“龙头老大”，简称“厄峰”，是博科沃伊山脉的最高峰。在小比例尺的地图上，它给人的印象仿佛是“骑在”亚欧两大洲的洲界线上的“跨洲峰”，其实不然，它的地理坐标为北纬43° 21′，东经42° 26′，整个山峰，不言而喻地落在俄罗斯联邦的政治版图内——当前归属联邦的卡尔巴达—巴尔卡尔共和国，西侧则紧靠俄罗斯的斯塔夫罗波尔边疆区的东南隅。

厄峰“形体”出众，壮美中透着“威严”。其锥状外形清晰地表明它是“火山之子”。加之生来呈一大一小、一高一矮的“双峰并峙”态势，在实地远眺，映入眼帘的这位“双顶巨人”，巍巍而耸，凛凛而立，敦实中显现出一种难以描述的威严…… 它矗立于大高加索山脉倾斜比较平缓的北坡上，又游离于这条山脉的主脊之外(以支脉相连)。这么一来，它的相对高度格外触目，即使距离数十公里，一眼望去，也显得高耸入云，上接天际。

2007年8月

下一站的目标

“高加索”这个词对于孩提时的我，似乎有着一种特别的魔力。当这三个字被念出来时，眼前仿佛就站立着一位独眼、披发、有着魁梧身躯的上古之神，他应该是伟岸的巨人，如同北欧神话中的泰坦；他应该暴烈、威严，如印度传说中的湿婆。

希望之光

可实际上，它就是它，独一无二的高加索，独一无二的厄尔布鲁士！我此次的目的地，攀登欧洲大陆上最耀眼、最威严的山峰——厄尔布鲁士峰！

8月25日

梦中的莫斯科

今天凌晨5点，我从北京启程，经过9个小时的飞行，飞机降落在莫斯科国际机场。按原计划，我应该在莫斯科当地时间18：35到达，但由于航班延误了几个小时，飞机降落时已近凌晨，空气有着别样的清新。

莫斯科国际机场与一个国家首都机场应有的配套设施和环境并不吻合。设施都已陈旧，通关效率非常低，已经不能满足蜂拥而至的入境游客的需要，这倒是我意料之外的第一印象。与往次在别的国家罕有中国面孔不同，排队检票时，我看到不少中国人，有学生模样的年轻人，也有讲温州话的商人，看来因为两国的历史渊源，中国人在俄罗斯往来频繁。

由于莫斯科飞往明沃迪的航班要在当地另一个机场登机，我在顺利通关出机场后就乘车1个多小时前往位于莫斯科郊区的机场酒店。一路上，我试图找寻《莫斯科郊外的晚上》这首歌曲的意境，而在现代化的高楼大厦间，却怎么也找不到歌曲中大自然内在的纯朴的美，而索洛维约夫·谢多伊那富有魅力的、水晶般剔透的旋律传递出的诗歌形象也变得模糊了。抵达酒店后，更让我大惑不解的是，装修精美的酒店房间里没有空调，取而代之的是一台很早就被中国人淘汰的落地摇头电风扇。

前后几个小时的时间，俄罗斯给我的感觉是“怀旧抑或陈旧”，一番心里感叹后，收拾了行李，躺下就睡着了。

8月26日
明沃迪：“厄峰”景象尽收眼底

莫斯科清晨的阳光竟然也是火热滚烫的，一早我就被这样一个热情又特别的“闹钟”给唤醒了，这大概很像俄罗斯人热情的性格吧，相信这又会是一次充满惊奇的探险经历。

中午乘机前往明沃迪，在明沃迪机场，我与此次攀登厄尔布鲁士地接社接待人员会面，开始厄尔布鲁士的探险历程。在接待人员的带领下我见到了向导和队友们。此次厄尔布鲁士的攀登，由3位向导以及来自爱尔兰、西班牙、美国、法国、澳大利亚、马来西亚、俄罗斯等国家的11名队员

厄峰英姿

一起组成了一支国际登山队。不同地域的队友因为相同的爱好聚集到一起，大家都非常开心，其中的马来西亚队友还曾经攀登过珠峰、卓奥友、乔戈里等几座8000米以上的山峰。

由于8月6日的格鲁吉亚“俄罗斯导弹”事件，为原本就十分紧张的俄格关系又蒙上了一层阴影，而位于两国交界处的厄尔布鲁士峰就成了敏感地带。出发之前俄罗斯向导特别交代不要携带GPS、卫星电话、望远镜等设备，否则会引起不必要的误会甚至遭到遣返。无奈之下，我将这些伴随我走过几大洲的登山必备用品留在了北京，没了卫星电话，这次的登山之旅必定更为孤独，也不能及时传回消息，但是我相信我的下一条消息将会是“我已成功登顶！”

厄尔布鲁士攀登的起点十分特别，我们首先要换乘两次缆车到大本营。早餐后，带上所有必需的登山物品，我和队友们从明沃迪旅馆徒步5分钟到海拔2300米的缆车起始站，缆车起始站设在山脚的“阿早村”里，阿早村虽是一个很小的山村，可是因为每年的游客上千，这里也变得商业化起来，旅馆、餐馆、商铺一应俱全，街边各种特色纪念品让人目不暇接。

在这里等待乘坐缆车的人很多，缆车类型也有好几种，有乘坐10多人的大中巴型缆车，也有只乘3人左右的小缆车，我们先要乘大缆车上到3000米再转乘小缆车上到3500米。在3000米中转站，我们看到了一座二战时期在争夺厄尔布鲁士的战斗中牺牲的烈士纪念碑。很多来到这里的人会用不同的方式表达对烈士的敬意。

1942年8月21日，蓄谋已久的法西斯德国高山部队，在库罗马和盖马拉两名上尉的率领下，占领了位于海拔5300米附近、厄尔布鲁士峰顶稍下方一点的“高山旅馆”，并在那里升起了一个高空载人的气球，上面有持望远镜的炮兵观察人员。而那时的法西斯德军已经占领了盛产石油的巴库油田。

苏军为夺回巴库油田，曾多次组织部队攻取厄尔布鲁士，但都是由于苏军战士不懂高山特点，缺乏登山装备，许多优秀的指战员仅仅穿着夏季的单衣上山，而到了夜间气温突然降到零度以下，指战员们不是被冻死就是严重冻伤，还没有与敌人接触就丧失了战斗力。后来苏军最高统率专门组织了一个团的高山部队，指战员们都是战前攀登过厄尔布鲁士的登山者，并给他们配备了登山服装和其他装备。这个团的2000多人经过艰苦的战斗，将侵占厄尔布鲁士的法西斯德军全部消灭了，重新夺回了这个战略制高点。

此时此刻，在和平时代里重新站在这个“制高点”，一时间百感交集。队友们一一向烈士们致敬后我们就转乘小缆车上到3500米缆车终到站，继续徒步到海拔3900米的“桶屋”（Barrel Hut）。桶屋是外形像大型汽油桶式的山中旅馆，每间桶屋可住6人左右，设施齐全，这里就是厄尔布鲁士的登山大本营了。在桶屋大本营，远远地就可以看见厄峰双峰并峙紧紧相连形成驼峰的样子。这座山岳是地质史

金飞豹站在3000米处的二战烈士纪念碑前

上火山长期连续喷发的产物，主要由安山岩构成。其锥状外形再清晰不过地表明它是“火山之子”，加之生来呈一大一小、一高一矮的“双峰并峙”态势，海拔分别为5642米(主峰，居西)和5595米(辅峰，居东)。1874年英国人首次登上它的主峰。

大本营聚集了上百名登山爱好者和旅游观光者，非常热闹。攀登厄尔布鲁士峰的历史可以追溯到140年前，这里的设施相对完善，但由于来往人员较多，加上过度的开发和保护措施不力，随处可见登山垃圾、生活垃圾还有一些废旧建筑垃圾，这在很大程度上影响了厄尔布鲁士的自然环境。任何一个热爱自然，热爱探险的人看见山峰被污染都不免心痛，至少这一路我自己不能乱丢弃生活垃圾。

在桶屋稍事休息后，我们一行向上徒步到海拔4200~4300米处的岩石地带。领队将在此地对我们做一个登山基本技能的简短培训。

8月27日 “女魔头”的“魔鬼训练”

原以为没有卫星电话将会和昆明失去联系的，今天意外发现手机竟然有信号，于是我通过手机讲述了适应性训练的情况。

早上，我和队友跟随两名强悍的俄罗斯女领队进行了高强度适应性训练，体力消耗很大。出发时天气很好，我只穿了套单衣单裤，走到海拔4000米左右的地方就开始下雪，气温骤降到零下，好在运动着也不觉得冷。

途中遇到一支下撤的队伍，我看到其中一位女士还抱着一只小狗，小狗缩成一团冷得直哆嗦，看来海拔更高的地方温度更低。

俄罗斯女领队体力非凡，一路上全队几乎没有停下休息。两名印尼队友走到一半就体力不支，只能返回大本营。

厄尔布鲁士峰的雪线位于3400米，在此之上都是单调的白色，只有雪薄的地方透出灰白色的岩石。这一路虽然坡度不大，但线路漫长，十分考验队员的耐力。到4600米的时候，领队停下了，大家终于舒了口气。可刚想坐下来休息，女领队就让所有队员动起来，她仔细地给大家讲解攀登技巧并做示范，让队员挨个示范滑坠脱险以及各种登山技巧，就这样反反复复地训练。两位女领队对训练的强度、难度以及每个动作要领要求都非常严格，所以我们都戏称她们“女魔头”。

高强度的训练结束后，又是几个小时过去了，休息了10多分钟后，我们开始下撤。回到大本营，我发现营地有很多乌鸦，它们在登山垃圾中专注地觅食，无暇顾及人群。路上遇到的小狗大概也暖和了过来，围着人群欢快地摇尾巴。

下午6点，我们准时开始用餐。因为这一季登山队伍比较多，所以每队都必须按固定的时间吃饭。晚餐很丰盛，有

敬业的女领队在手把手地训练我们

俄罗斯风味浓汤、炸鱼片、土豆、面包和奶酪。

按计划，如果天气晴朗，我们将从明天凌晨2点开始冲顶，预计需要10个小时，这对体力是个很大的考验。不过今天的训练大家状态良好，对登顶充满信心。

8月28日
遭遇雪崩未动摇我登顶的信念

28日凌晨4点，我和另外15名队友踏上登顶征途。一同出发的共有10支队伍，队员们的头灯在黑夜中连成了一条长长的光线，缓缓向前移动，在茫茫的雪域上形成了一道独特的风景。由于厄尔布鲁士峰处在黑海和里海暖湿气流交汇处，天气变化无常，我们出发不到2小时就开始下雪，并伴有冰雹和雷电，我的心里开始忐忑，冰雹和雷电是登山者最畏惧的一件事了，如果雷电强度大的话就意味着可能会有雪崩。此刻所有人都小心翼翼，时刻留意脚下的路面以及前方的雪岩。

天亮的时候，我发现攀登的高度已经穿过云层，四周一片雪白，景色非常壮观。到了5000米以上，坡度越来越陡峭，队伍也逐渐拉开了距离，有的队员由于体力不支放弃了

遭遇雪崩的飞豹从雪堆中挣扎出来

登顶。临近中午，攀升到海拔5300米时，两名女领队开始检查队员装备，并鼓励落后的队员加快攀登速度，从她们的表情可以看出这是事故多发地段。这时突然听到后面的队伍发出一阵惊叫声，我抬头一看发现一块巨大的雪墙扑面而来，还没反应过来就被卷入了其中，这才猛然意识到是遭遇雪崩了！仅仅几秒钟的功夫就被雪崩冲下60多米，我们一共8个人被冲到一块相对平缓的地面才停了下来。

就在被卷入雪中的瞬间我感受到巨大的冲击力，求生的信念异常强烈。雪崩导致死亡的主要原因是压力和缺氧，于是我拼命挣扎，在翻滚中努力先把头露出来。这是我的登山生涯中第一次零距离接触雪崩，也深刻体会到挣扎在生与死边缘的感受，当最终停下来时，感觉心跳都快停止了。

我第一个挣扎着爬出来，看到队友有的身体整个被埋在雪里只露出双手，有的头朝下倒栽着。正要冲过去救他们，就被向导拦住让我赶快撤离到安全地带。

好在遇到的是中等强度的雪崩，几名队友也先后从70多公分的雪里爬了出来，幸免于难。后面的队伍见此情景纷纷下撤，我们的领队也在征求大家意见的同时，劝阻队员放弃登顶。15人中，多数已经表示放弃，就我和另外5名队友坚持要冲顶。女领队看我们心意已决，就嘱咐我们小心并说在大本营等我们，然后带着其他队员下撤了。为了赶在天黑前下撤，惊魂未定的我们6个人又继续向上。临近顶峰的一段路很窄，只有3米左右，几人排成一列，怀着激动的心情一步步接

飞豹用手机抓拍了队友脱险的经过

近最高点。就在我们6人踏足顶峰的那个时刻，所有人都不约而同激动地拥抱在了一起，庆祝这用生命换来的胜利。我们互相拍照留念，记录下登山生涯中最令人难忘的一个顶峰！

8月29日

生死之交的情谊

我和队友们下撤到明沃迪后，探险公司为我们举行了一场盛大的庆功会，并给成功登顶厄尔布鲁士的队员颁发证书。回想起冲顶那天惊险的雪崩，大家都还后怕，所幸自己没有被雪崩吓倒，最终顺利地完成了登顶任务。

庆功酒会上，在大家知道我即将完成“7+2”的探险活动并身兼明年“北京奥运火炬手”的身份时都非常敬佩，纷

我们共同的目标就是向上

不畏艰险的我们终于登上了顶峰

闯过生死关的登顶是值得庆贺的

纷请我合影、签名作留念。此时，作为中国人的自豪感再次油然而生，我以东道主的身份邀请大家2008年一定要到中国观看奥运会。虽然攀登厄尔布鲁士的日子仅10天不到，可是在一同经历磨炼和生死考验后，队员们已经将彼此放在了内心最柔软的地方。感受到外国队友对我的热情，真的很感动，能表达内心感激之情的最直接、最简单的语言就是告诉他们：welcome to Beijing！（北京欢迎你们！）welcome to China！(中国欢迎你们！)

劫后余生的感慨

和我之前攀登过的山峰相比，厄尔布鲁士的难度并不算大，登顶过程也较轻松。但值得纪念的，是我在这里遭遇了生命中的第一次雪崩，威严的高加索巨人用这样的方式表达了对我的考验。当时从雪堆里挣扎着抬起头后，我掏出相机为自己拍了一张照片。

安全后再回过头来看照片中的我当时的眼神，惊悸、茫然，还带着劫后余生的一点点庆幸。那是多么丰富的一个表情，多么丰富的一段经历，探险的过程中不可避免地会碰到一些波折，有时也可能会危及到生命，但这绝不会成为我下一次探险的障碍，它只是我人生中的一小段插曲，用来丰富自己的生命和记忆。

神秘查亚峰

攀登这座山峰的难度很大

尽管这是一座十足的“矮子”山峰，我们用一天的时间就登顶，不过却是最昂贵的一次探险。查亚峰也最神秘，由于当地时局风云莫测，登山者需要改头换面，乔装打扮才能够达到营地。此外，国外财团和当地政府联合在山脚疯狂敛财的行径，也让人齿冷。

——飞豹感言

神秘和危险犹如一对孪生兄弟，神秘意味着未知，而未知的事物，往往是危险的。

查亚峰位于印度尼西亚的新几内亚岛上,处在同巴布亚新几内亚交界的位置，海拔4884米，峰顶终年冰雪覆盖。印度尼西亚人把它叫做彭凯克查亚，即“胜利之峰”。这座遥远而神秘的山峰对登山者有着极大的吸引力，因为在这里可以看到植被从热带到寒带的变化以及远古人类生活的变迁。1962年，希里查·汉里首次登上了这座山峰。

由于政局不稳定,这座山一直被封闭着,不对登山和旅行者开放。山下雨林里食人部落的传说更一度使这座山峰蒙上了神秘诡异的色彩。

由于地理界线分类的历史原因,科休斯科峰和查亚峰其中任何一座都可以视为大洋洲的最高峰，登山者一般选择科休斯科峰作为大洋洲最高峰来攀登，而查亚峰近年开放后才逐渐迎来攀登者。

在登过澳大利亚的科休斯科峰后，我决定再攀登神秘的查亚峰。

2007年8月31日

告别厄尔布鲁士，迎接查亚峰

惜别厄尔布鲁士相处融洽的队友们，我乘上了从莫斯科到北京的飞机。根据行程，我将在北京停留2天稍作休息后，于9月4日直接前往印尼首都雅加达攀登大洋洲最高峰——查亚峰（4884米）。查亚峰与澳大利亚科休斯科峰同时被人们认为“大洋洲最高峰”，二者谁是真正的“大洋洲最高峰”一直以来存在很大争议。我之所以在已经成功完成

查亚峰将给我们一次难忘的考验

由此可见攀登查亚峰的艰难

“科休斯科峰”后还要继续攀登“查亚峰”，是为了不让自己留下遗憾，而神秘的查亚峰对我这个探险者来说，是不是第一高峰反而不重要，重要的是即将面对的未知经历。

查亚峰与科休斯科峰相比较，无论是难度、高度、险度上都远远超过后者。查亚峰位于印尼最东部的西巴布亚省，在新几内亚岛上。新几内亚岛是印尼的五个主要大岛之一，它的西半部归属于印尼，东半部归属于巴布亚新几内亚。查亚峰位于该岛的中西部高原上，因新几内亚岛归属于大洋洲，所以查亚峰被认为是大洋洲的最高峰，同时也是印尼的最高峰，还是亚洲的喜马拉雅山脉与美洲的安第斯山脉之间的最高峰，也是世界上海拔最高的海岛山峰。

由于查亚峰所处的位置十分偏僻，需要穿越茂密的热带雨林才能到达，密林中还生活着传说中的恐怖食人族，所以尽管此峰在1623年就被荷兰探险家卡斯腾斯所发现，但直到

1962年，才由奥地利登山家希里查·汉里所带领的4人团队首次成功登顶。

9月5日 雅加达风情

今天凌晨，我从北京出发经厦门转机后顺利抵达印尼首都雅加达，今天下午与同队的4名台湾队员及1名西班牙队员汇合。我深感亲切，一个人在外登山能遇到自己的同胞是非常令人激动的。这几位台湾队友是在麦金利时巧遇的，攀登完麦金利峰时我们就相约9月一起攀登查亚峰，我们都遵守了约定。

雅加达给我的印象是一座历史悠久的名城。古老的民居，风光独特，古迹众多，多数建筑物都有着典型的欧洲古典风格和古老的文化氛围。几百年以前，这里就已经是输出胡椒和香料的著名海港，称为巽达加拉巴，意思是“椰林密布之地”或“椰子林的世界”。1527年，穆斯林首领领导印尼人民打败了葡萄牙殖民者的舰队，收复了龚达加拉巴，把这里改名为查雅加尔达，意思是“胜利之城”、“光荣的堡垒”，雅加达的名称就由此演变而来。华侨称它为“椰加

欢乐的民众

达”或“椰城”。在公元5世纪时这里还只是一个小渔村，如今的雅加达已是一个国际化的大都市，是印度尼西亚的政治、经济、文化中心，海陆交通的枢纽，是太平洋与印度洋之间的交通咽喉，也是亚洲通往大洋洲的重要桥梁。

由于印尼是多民族国家，全国约有100多个民族，街上随处可见充满民族色彩的饰物和宗教图腾，整个城市充满了民族气息和宗教神秘感。

雅加达处处风光独具，市内河流交错，丰富的水资源本应给予这个城市更多的美景，可由于它是著名的港口城市，繁荣的贸易往来，市区人口众多，已经造成了较为严重的环境污染，河面上漂浮着各种垃圾，很远就能闻到河里散发出的刺鼻气味。而从城市建筑可以看出这里贫富悬殊，在林立的高楼大厦间散布着很多简陋的棚户木屋。

9月6日 时局紧张的缇米加

凌晨5点，我们一行从雅加达起飞，经过5个小时3000公里的飞行抵达缇米加。缇米加是个非常迷你的小镇，探险公司安排队员们住到一家小旅馆里。

从缇米加机场出来，就能明显地感觉到当下时局非常紧张。当地的政府武装与非政府武装正在交涉，双方甚至时有交火。看到这样的局势，向导告诉我们："时局如此，我们不能乘直升飞机前往查亚峰大本营了，只能改用政府武装军用汽车秘密护送队员至查亚峰山脚下的密林。"向导还不断叮嘱在进入反政府武装控制区域后千万不能拍摄，一旦被发现很有可能被当地非政府武装扣押下来。向导的一番警告让所有队员的心都忐忑起来，看来这次探险的起点，将从缇米加机场开始。

在缇米加，白天时间我们就待在旅馆内，不敢"轻举妄动"，只有等到天黑才能动身。探险公司将联合政府武装把我们秘密送往查亚峰山脚下的热带丛林，然后队员再连夜徒步穿越丛林抵达3800米的过渡营地。看到这样的局势，我终

经过乔装打扮
我们才能前往登山

依山傍水的查
亚峰大本营

于明白，为什么到查亚峰攀登每位队员前后差不多要花10万元人民币，估计大部分费用都是探险公司需要打点当地的武装分子，这样才能顺利通行，看来这里的探险公司还得有过硬的“政治背景”。

印尼大部分地区属于热带雨林气候，而接近亚洲、大洋洲两大板块的地区是热带季风气候，具有高温、多雨、风小、潮湿的特点，无寒暑季节变化，号称“终年都是夏，一雨便成秋”。缇米加也不例外，中午我们抵达的时候就下了一阵大雨，湿气很重，空气中弥漫着热带雨林的味道。在这里基本每天都会有阵雨，所以“雨衣”自然就成了队员们不可或缺的登山装备。

查亚峰拥有丰富的铜矿，丛林中还有秘密金矿，此外，蟒蛇、毒蜘蛛及各种毒虫子等有毒生物也散布在丛林之中，徒步隐藏着很多潜在危险，所以向导提醒大家夜晚穿越丛林时也坚决不能拍照，更不能因为好奇动手触碰那些东西，一定要紧跟着向导的步伐，不能掉队。正因为有这样那样的严格规定，更让人觉得这次查亚峰之行变得异常神秘和万分惊险。

9月7日 初尝“地下式”登山

7日，在军用车的护送下，几经波折后，我们终于安全抵达4200米查亚峰大本营。

由于缇米加政局动乱，队员们是通过探险公司与当地的政府武装打通关系后，在武装军用车的掩护下连夜赶路前往登山大本营的。一路上大雨滂沱，基本无暇顾及周遭事物。从缇米加小镇至大本营，平均1小时就得换一辆车，以防引起其他武装分子的注意，不远的路程耗了长达5小时。换车时，向导命令所有人一分钟都不能逗留，两张车紧密连在一起，我们是直接从一辆车跳上另外一辆车，这样的情景让我不得不产生“地下接头”的幻觉。

从四面环山的低凹处开始行进

尤其是到检查出入车辆的关卡处，向导就喊大家赶紧趴下，让队员躲在座位底下。检查人员看见是军用车辆就稍微要放松些，只用手电扫射检查，没有发现其他人员和异常情况就给放行了，而我们就躲在座位底下大气都不敢出，这样的关卡过了好几道，总算能出城了。但是情况并没有想象的乐观。当汽车驶到矿区的时候，远处就能看见灯火通明，全机械化的采矿，生产区在夜里也正常地生产，矿区内停着很多巨型装载车，单单车轮就差不多20米高，可见这个矿区的规模和它的重要性。见此情景，向导提醒队员们一定要将相机藏好，不许拍照，并给每位队员配发了一件矿工的衣服，乔装成矿工这样才能顺利地通过矿区。

之后，军用卡车载着队员们一路绕着矿区盘旋而上，这段路程基本上是迷宫式的隧道，但是司机驾驶速度飞快，并能准确地辨别方向，说明司机对这一带了如指掌。当汽车在一片非常僻静的地方再次停下时，我看看海拔表已经到了3700米高处，时间已是凌晨2点。到此地汽车就不能继续往上前行了，向导要求队员们必须快速离开这个区域。我们6个人换上雨衣在向导的带领下又马不停蹄地连夜赶路，2小时后才到达4200米的登山大本营。

查亚峰属于非开放式山峰，我并没有对大本营抱有任何幻想，可实际到达时大本营的简陋还是让我吃了一惊。回想起这一路的经历，第一次体验007地下式的登山，第一次化装冒充矿工登山，第一次连夜在大雨中穿越热带雨林徒步至大本营……我心里竟然隐隐有些许兴奋，也许探险就是由这样各种未知的第一次所组成。

虽然大本营属于热带雨林，但看着远处高峰上终年不化的积雪，想到才4884米海拔的查亚峰却还不知有多少未知在前方等待，我心里充满期待。

9月9日

顺利通过“岩石洗礼”，成功登顶查亚峰

9日凌晨2:50，从4200米的登山大本营出发，查亚峰的登山路线是先沿着山脊走，然后翻过约500米的岩壁，最后沿着起伏的山脊走半公里之后就到达顶峰。途中通过溜索跨越了一座独立的小山峰，还要跨越一个20米深的裂缝，这个地方要固定绳索，用下降器下降，回来时用上升器上升。而岩壁攀登最难的地段为一段长50余米的直壁，岩石攀爬难度为5.9级，这就是传说中的查亚峰“第二台阶”。这道岩壁垂直度和岩石结构与昆明西山龙门很相似，让我很想家。

这样一道高耸的岩墙，对我来说仿佛是挡在面前的“铜墙铁壁”，因为要通过这道难关，我们必须具备过硬的攀岩技巧，而攀岩对我真是一个不小的挑战。台湾队友都是攀岩高手，其中一名女队员早在1995年就成功登顶过珠峰。几位队友先攀上去了，他们一直鼓励我，给了我很大的力量，我使出浑身解数，所有会的攀岩技巧都派上用场了，最终才完成这段艰难的路程，此时，我理解了人们把攀登查亚峰比作“岩石的洗礼”了。

上午8点，我和队友们一起成功登顶海拔4884米的大洋洲最高峰查亚峰，这也是海峡两岸登山家首次携手并成功登

飞豹第一次经历这样的攀岩登山

顶大洋洲最高峰。经过近6个小时的艰难攀登，终于站上了只能7个人勉强立足的顶峰，队员们激动地拥抱在一起！我在顶峰一一展示了国旗、北京奥运旗帜、昆明精神旗帜等旗帜。几名台湾队友看到北京奥运旗帜时非常激动，表示一定要到祖国的首都观看奥运。

在顶峰短暂停留后，我们使用速降器开始下撤，向导再三叮嘱，要投入全部注意力留心脚下的每一步，不要轻视下撤的危险性。到达大本营后，必须等到天黑再化装成矿工转移出山。

9月11日

下撤酷似上演007，乔装打扮遭“禁闭”

9月11日凌晨2点，经过10多个小时的惊险转移，我们终于穿越戒备森严的矿区和危险的军队控制区，抵达印尼东部城市缇米加。

10日上午天空突降倾盆大雨，每块石头都浸泡在水中，雨声轰鸣。进山的前后几天里，几乎只有登顶的那6个多小时天气晴朗，这让我们十分感激上天恩赐的良机。下午准备离开大本营时，雨小了些，查亚峰主峰的巨大岩壁才露出他威严的面目。回头看看这位“岩石巨人”，每个队员都在感叹，甚至不敢相信自己竟然爬上了这样陡峭的岩壁，我想登顶途中的力量或许真是超常的。

下撤到山下一块名叫斑马石的大岩石后，向导停了下来，让大家就在这里等候。这块岩石有六七十米高，倾斜的岩石被雨水侵蚀出类似斑马图案的花纹，由此得名。天色渐暗，一行人在雨中等了1个多小时，终于看到两辆丰田陆地巡洋舰驶来。上车的瞬间，我强烈感受到由现代文明带来的快乐。上车后，向导发给大家矿工帽和红黄相间的反光背心，不言而喻我们还得再一次化装成矿工。

车在经过矿区时，司机把灯全部关闭了，仅凭经验驾驶。每个人都捏了一把冷汗，体验另一种惊险。我禁不住好奇，偷偷拿出相机拍了几张，用镜头记录下了这里的神秘。后来向导介绍，这是世界第一大金矿卡斯藤士，同时也是世界第三大铜矿产区，由一家美国公司投资经营。所处的巴布亚省于1969年经联合国主持的全民公决批准加入了印度尼西亚，当地一直存在少量武装分离主义分子，所以局势十分紧

我们相互帮助着攀向顶峰

张，8月底还发生了恶性武装伏击案件，听得所有人心惊胆寒。进入矿区隧道时海拔3700米，一路直下，以每小时25公里的速度行驶了半个多小时后，终于看到隧道出口，出口处的海拔是2700米。盘旋而下经过那么长的一段隧道，没有灯光，又想起向导说的武装冲突，我当时只想，听天由命了。

好不容易出了矿区，又到了警卫营。下车后我们被通知夜里11点才能通关，先在这里休息。于是被领到一个由集装箱改造成的营地，两个士兵扔给我们几瓶水和一些面包就把门关上了，只听得到门外把守的士兵在小声说话。这种场面让大家联想到电影里被绑架做人质等惊险镜头，便开始对种种可能性进行猜测。6个人紧张地等待着，时间一分一秒地过去，11点刚过，两个士官打开门，每人发了一顶军帽和一件深色的印尼政府军服，几个人又赶紧换上。我拿出相机，快速拍了一张大家身穿印尼军服的照片，记录下了这一生可

安全下撤非常重要

坚持，胜利就在前方

“我终于登顶了！”

能只有一次的经历。

上车后，6名荷枪实弹的士兵分别坐在外侧，感觉像保护，但又似乎是挟持，心里仍然忐忑不安。顺利过了几个关卡，才算舒了口气。3个小时后，终于从警卫营区撤离，抵达海拔100米的缇米加郊区，然后在士兵的帮助下快速转移到来接应的越野车上，军车随即消失在夜幕中。

回到旅馆，终于踏实下来，心底的不安终于释然，回忆刚才发生的一切，就像电影里的特工行动。问向导为什么要化装成政府军，向导解释说巴布亚省各武装派别斗争激烈，各派都在找挣钱的机会，如果被发现是游客，很可能会被勒索甚至扣押，获得高额现金后才会释放。向导问大家有没有觉得自己像007，台湾的黄先生开玩笑说：“像，只是没有邦女郎，其他都像。”在经历了不同寻常的探险后，我们6个人第一次毫无顾忌地捧腹大笑。

归　来

查亚峰的攀登如同一部现实版的好莱坞间谍片，我们仿佛化身为百变的特工007，化装潜入，攀越岩石，黑夜潜行，最后达成目的，顺利脱身。

第一次将自己放置在一个完全没有安全保障的境地去冒险，至今想来还有些后怕，如果当时我们被发现会怎样？那些武装分子甚至不买政府的账，一旦被抓，我们又会是怎样的结果？

但如果只有这个办法才能让我完成九大极点探险计划的话，假如现在再让我选择，我还是会毫不犹豫地做出和当初同样的决定。

在2006年到2007年中，完成九大极点全球顶级探险活动几乎占据了我全部的生活，那是一种无法被复制的状态，作为一个非专业的探险爱好者，要完成这样高难度的探险活动并不容易，我必须投入全部身心，让我的梦想、我的心灵指引我前进。

世界最高死火山：阿空加瓜

远眺阿空加瓜峰

阿空加瓜本来不是7+2的最后一站，而是第五站，但当第一次我们踌躇满志来挑战这座南美洲巨人时，在海拔6000米的地方遭遇暴风雪错过了最佳登顶时间，只能含恨撤退了。

而今天终于一站一站地再次走到南美洲的最高峰——阿空加瓜时，我由衷感谢上次的失败，正是失败，让被成功登顶世界最高峰的喜悦冲昏头脑的我意 识到，登山，永远不能松懈，只能在最佳的状况以向上的姿态，一步一步走到顶峰。

而人生，也是如此。

——飞豹感言

阿空加瓜峰海拔6962米，属于科迪勒拉山系的安第斯山脉南段，在阿根廷与智利交界的门多萨省的西北端，靠近智利边境，是南美洲第一高峰，有“美洲巨人”的美誉。“阿空加瓜”在瓦皮族语中是“巨人·望台”的意思。

公元1897年，人类首次登上阿空加瓜峰，考察证实它由火山岩构成，山形呈圆锥形，山顶有凹下的火山口，是座典型的火山。但相关资料证实没有发现它在人类产生后还重新爆发过，因此它便成为世界上公认的最高的死火山。

阿空加瓜顶峰堆满了巨大的岩石，疾风强劲，让人难以立足。从这里向四周远眺，雪峰冰川林立，起伏绵延，在晴朗的日子里，甚至可以看到太平洋的景色。顶峰中央竖立着一个十字架，由钢丝围绕，这是为了纪念在攀登阿空加瓜山遇难的林库夫妇而设立的，他们是安第斯山脉的杰出研究者。

安第斯山脉，是世界最长的山脉，位于南美洲大陆西部，全长9000公里，几乎是喜马拉雅山脉的3倍半。它由一系列平行山脉和横断山体组成，间有高原和谷地。这条山脉既高又陡，平均海拔3900米，超过6000米的高峰有50多座，其中就有海拔6962米的西半球最高峰“阿空加瓜”。

2007年11月25日

浪漫之都巴黎

一阵剧烈的摇晃把我从睡梦中惊醒。

睁开惺忪朦胧的眼睛环顾四周，半晌才反应过来自己正坐在前往阿根廷的航班上。时间真是过得飞快，从最开始攀登珠峰到今天，只剩下九大极点的最后一站——南美洲最高峰阿空加瓜。昨晚由于兴奋并没有睡好，今天在长途的飞行中睡得迷迷糊糊。

刚才的剧烈颠簸，是飞机发动机出了故障，空姐在广播

鸟瞰巴黎

俯瞰安第斯山脉

埃菲尔铁塔

里安抚乘客的情绪，并通告我们将紧急迫降圣彼得堡，机上乘客将被迫滞留圣彼得堡机场，直到法国航空公司从巴黎另外调派的飞机前来接应。

航班延误导致我们错过巴黎飞往阿根廷首都布宜诺斯艾利斯的飞机，必须再等16个小时搭乘下一班，而这个小插曲给了我一个意外惊喜——不用签证的巴黎一日游！

同行的田同生教授是巴黎通，有他在，我们超效率地利用了这16小时，游览了埃菲尔铁塔、凯旋门、香榭丽舍大街、卢浮宫、巴黎圣母院、蓬皮杜艺术中心……当我们兴奋地再次返回机场，却在巴黎出境口被边检员发现没有巴黎的签证和入境证明，被误认为是偷渡客而遭扣押——我们当场被带到隔离室询问，并被搜身。边检员最后发现检查出来的基本都是登山装备，他们在其中看见了我在九大极点的探险照片，态度和口吻顿时就从敌对转变到了崇拜，他们甚至将我的登山照片拿出来传阅，然后又安排了两名警察护送我们优先登机，以免耽误了我们的行程。无意的“闯祸”竟让我们享受了一次贵宾级待遇。

这是我们到巴黎后的第二次转危为安，安全登机后，我与同行的田老师不约而同地大笑起来，我不免想到巴黎真不愧是浪漫之都，在这里什么事都有可能发生。能到巴黎市区游览一场，真是一次美丽的意外。

11月27日 风情门多萨

从巴黎登机，经过13小时的飞行，到达布宜诺斯艾利斯，又转机6小时后，飞机才最终降落在门多萨的机场。印加探险公司接待员是此次攀登阿空加瓜的高山向导“飞鹰”。

重回久违的门多萨——这个充满浓烈拉丁气息的古老城市，忍不住心潮澎湃。道路两旁的大树密布成荫，加上处处透着西班牙殖民气息的古老建筑物，看似已经过百年历史，可丝毫不亚于现代潮流风格，不得不让人惊叹大师们超前的设计理念。街道广场上由许多印第安民族着盛装当街表演欢迎各地游客，给这个城市增添了几分神秘的民族气息。

美丽的门多萨

烤牛肉、红酒、拉丁舞可谓门多萨的文化瑰宝。第二次来到此地，品尝怀念已久的阿根廷烤牛肉和当地自酿的红酒，感觉还是如此的美味。而与我同行的田同生老师对于第一次的门多萨之行，无论是人文风情还是美食自然都赞不绝口。

然而休息才是最重要的，在长途的旅行中，大家都感觉有些疲惫，明天一早我们将乘车前往阿空加瓜登山大本营。

12月1日

普拉泽德穆拉斯

今天我们计划从肯府露恩夏出发，攀越“普拉亚安查”（意为宽阔的海滩），然后穿过霍肯斯上游峡谷和“库斯塔布拉娃”（意为陡峭而崎岖的山坡），经过8个小时的徒步，最终到达海拔4250米的登山大本营普拉泽德穆拉斯。

普拉亚安查山谷就像一个巨大的通风管，这是我登过的山峰中风力最强劲的，有时甚至感到难以立足。山谷两旁经常滚落下大石块，路边的岩石在风化作用下面目疮痍。在这样的大风中进食不是一件容易的事，我们必须找一个巨石列阵，在石缝中躲避大风，快速地吃下面包夹火腿的路餐。沿

飞豹与向导一起到登山管理处登记

途可以看到一些早年建的营地，大多都被雪崩摧毁，只剩下了残破的支架。在大风中前行体力消耗很大，但此前王石交代我要好好照顾的田老师却完全不像文弱书生，他一直走在队伍最前面，俨然就是个专业登山家。

其他人的行李都用骡子驮到大本营了，我则背着自己的全部行装走在队伍的后面，这是我对自己的训练，面对让我跌倒过一次的山峰，我必须从开始就要全力以赴。

途中休息的时候，我和田老师趁空闲讨论起了人生、梦想和未来。

从北京出发一路走来，我们两个不同背景却有着共同爱好和追求的人不免惺惺相惜。这不只是一座山的攀登，更是一次精神的攀登。我从田老师那里受到很多启发，甚至有一股很强的冲动回来后进修EMBA，打好人生的下半场比赛。而田老师也因为这次的切身体验，对我的探险经历表示出了

阿空加瓜峰大本营

极大的敬佩，他说："我的英语几乎忘光了，刚开始很难开口和别人交流，除了比划以外，飞豹是我的翻译。我很佩服他孤身一人勇闯天涯的精神，可以想象刚开始和别人语言不通的时候，交流有多么艰难。经过了这几天的锻炼我也有了进步，我现在会主动对外国山友说，我来自中国北京。"

经过8个小时的徒步，我们终于到达了大本营，大家都十分疲惫，晚饭后各自回帐篷休息了。我开始用卫星电话和昆明联系，可能由于阿根廷的通讯欠发达，卫星电话可以拨到万里之外的昆明，却不能拨通在布宜诺斯艾利斯等候的田老师妻子的电话。于是田老师只能把想对妻子说的话请我们转告。

按计划，我们将在登山大本营普拉泽德穆拉斯安营扎寨，并在这里休整3天。

12月2日 雪山茶炉

根据探险公司的安排，在登山大本营普拉泽德穆拉斯休整的3天，一是让队员反复做适应性训练，二是让队员有足够的时间调整身心。

今天的大本营太阳高照，营地一片温暖祥和，不断有队伍出发往上攀登，也有队伍登顶后下撤，这让休整的我也心驰神往、跃跃欲试。不过在吸取上次攀登阿空加瓜急于求成结果则功败垂成的教训后，我学会了服从安排，耐心等待。这样的心境，让我去体会享受高山生活的情趣。高山的雪水是最纯净的，我取出临行前朋友黄焰赠送的“皇印一号”普洱茶，冲上烧开的雪水，浓香的普洱茶顿时弥漫整个大本营，引来了无数外国朋友“闻香寻源”。他们对普洱茶充满好奇，问这问那，我一一给他们做了解答，并请大家一同品尝普洱茶。当地也有一种名叫 “麦特”的特产饮料，是一种被装在葫芦中用一根金属吸管来喝的饮料，好客的外国朋友也请我品尝，味道确实不错。之后，外国朋友邀我一起与“皇印一号”合影留念，借此把这神奇的“中国茶”带回家与家人分享。

在大本营的时间比较充裕，无形中创造了我与其他外国团队交流的机会。大家都是因为共同的爱好走到一起的，所以共同话题自然少不了“登山”和“探险”。一位51岁的美籍韩国登山者白泰旭让我感动不已，他曾经到过珠峰大本营，登顶过乞力马扎罗。当田教授问起白泰旭为什么登山时，他毫不犹豫地在纸上写了三个中国字“自信感”。让人感动的不仅是这位外国朋友居然能用中国字表达他的心境，更是这简练的三个字让大家突然觉得内心深处达到共鸣。

这种“自信感”，印证了我10多年的登山经历——也是在自信与寻找自信之间，我找到了这个关键所在：面对每一座山峰的时候，我必须先给自己把自信心的油箱加满，因为没有自信的人是登不了山峰的。而每一次攀登的过程，以及成功登顶之后，无形又为下一次的攀登增加了自信的砝码。其实，每一位登山者的心里都有自信感，大多数人在选择重新回到大自然实现自我的时候，更多的是在寻找自己心灵的东西。

自信感固然重要，可是较好的身体条件也是登山必不可少的。阿空加瓜管理非常严格，队员每天都必须体检——在这里，医生掌握着登山者能否上山的“生杀大权”，如果登山者身体状况不达标，医生有权勒令其放弃登山。今日的体检结果，田教授身体状况非常好，但我的血压却有140、110，医生告诉我血压已经偏高了，需要吃药观察。

我有些心急，如果血压一直降不下来，医生是不会让我

取冰化水

上山的，果真如此的话，九大极点的最后一站岂不是又要推后了！好在医生说这没有什么，只要经过短时间的调养，以我的体质马上就会好的。这才让我放了心。

12月4日
差点捡到个媳妇儿

今天是我们在普拉泽德穆拉斯休整的第三天。因为天气晴朗，队员们不约而同地开始清洗几天里堆积的衣物，不一会儿，空地上就挂满了各国队员五颜六色的衣服。洗衣服是用的冰水，一阵大风吹过，我的手就冻僵了，得赶紧钻进帐篷不停地搓手，待手暖和过来后我又端着限量供应的热水去洗澡房洗澡，我一直认为保持清洁是对山的尊敬。

午饭后，我拿出北京奥运旗帜在营地展示，引起了大家的注意，很多人表示要去北京观看奥运，并祝福2008一切顺利。交谈中一位比利时女队员听说阿空加瓜是我九大极点的最后一站，立时无比崇敬，竟然在我面前跪了下来，大家赶紧把她扶起来。她询问我关于珠峰和南北极点的探险经历，听着听着又再一次下跪，说我是她心目中的英雄。我开玩笑地说，不能再跪了，在中国，跪三次就可以领回家做媳妇儿了，众人哈哈大笑。

这次的攀登对我来说很不寻常，和田老师的交流让我觉得每登上1米不仅是海拔的上升，更是思想的提升。他的话非常精辟，对事物有着独到见解，而我们总是能很容易地理解对方。我此行随身带了余秋雨著的《千年庭院》和姜戎著的《狼图腾》，田老师则带了美国人阿普斯利·彻里加勒德写的讲述人类首次探险南极的《世界上最糟糕的旅行》，我们俩边看边交流，产生了很多共鸣。我们有共同的偶像——70岁登顶珠峰的日本人三浦雄一郎,他的勇气和毅力已经超越了年龄对他的限制，我们非常崇敬他，甚至打算明年一起去拜访他。

风蚀作用下形成的天然石雕

医生再次为我们进行身体检查，我的血压今天已经恢复正常了，大家都为我高兴。从明天开始，我们将连续向上抵达一号、二号及突击营地，预计3天后冲击阿空加瓜顶峰。

12月5日 抵制诱惑

我们从4250米的登山大本营普拉泽德穆拉斯出发，经过4个小时的徒步，抵达了海拔4900米的一号营地，这里又被叫做“加拿大广场”。今天的路程很轻松，只是一路上寒风刺骨。在营地俯瞰安第斯山脉连绵的群山，景色非常壮观。

同队有3名队员因为身体条件不合格，已经被医生宣布不能继续登山，非常遗憾地下撤了。而田老师也从昨天开始腹泻，我找出每次探险时压箱底的药“喇叭牌正露丸”给他服用，很快见效。在厄尔布鲁士登山时，日本队员也是吃了我给的这种药治好了腹泻。建议其他登山者可以常备这种药，十分管用的。

营地的晚餐是阿根廷烤牛排，病情刚有好转的田老师经不住美食的诱惑，想再吃一块，但被我制止了，高山上肠胃不适，吃油腻的东西很容易再次腹泻，到时候就必须下山了。

4500米处的前进营地

这里的营地居然还有酒吧

阿空加瓜是世界上登山管理最好的几座山之一，每个登山者进山前都要在管理处建立档案，山下随时有救援直升机待命。而让我印象最深刻的是，队员从离开大本营向上攀登开始，就要用密封袋装自己的排泄物和生活垃圾，一直要背到登顶下撤后在大本营集中处理。

中国是登山资源大国，可在登山管理、山峰环境保护方面却比较落后。我攀登完七大洲的最高峰，接触了很多先进的登山管理经验，真希望这些经验能早点在国内推广运用，保护国内的山峰生态环境。

目前阿空加瓜峰天气稳定，明天我们将上到海拔5400米的二号营地。

12月6日
巧用云南白药膏

昨天夜里风很大，呼啸着似乎要把帐篷撕裂。早上醒来，我发现田老师变成了“唐老鸭”，头发胡子上粘满了睡袋里掉出来的鸭绒。检查了才发现田老师的睡袋裂了一个口子。

这可不是平原上或者家里面，如果睡袋破了夜里的低温

4500米营地训练穿越冰川

会把人冻坏的。可手头也没有修补工具，紧急关头我想出一个办法：用两片云南白药膏把裂口粘上。起初，田老师嫌药膏的气味太大，拒绝修补，我描述了可能发生的严重后果，田老师才勉强接受。后来证明，云南白药膏十分管用，无论田老师在睡袋里如何翻身都不再漏鸭绒了，队友们大为夸赞这种神奇的膏药。

“还有两天就要登顶了。”这是今天我和田老师聊得最多的话题，田老师显得紧张而激动。我告诉他，登完文森峰后，我在爱国者山营地等了32天才出发徒步南极。那时看着一片白色寂静的世界，我不断地告诉自己一定要有耐心。在外探险的孤独旅程，很能磨炼人的意志，要调整好心态面对陌生的环境、陌生的人，这可能是体力之外最大的考验了。

现在我的队伍里只剩下了6名队员，其他人因为身体条件不合格已经逐一被淘汰。我和田老师不仅坚持了下来，在营地还主动承担搭建帐篷、化雪烧水等公共事务，让领队的队医见识了一把当今中国人的新面貌。

从营地出发后领队带大家以“之”字形路线前进，这样就为登顶保存了体力。前面的队伍看起来像毛毛虫在向上蠕动，景象非常有趣。

阿空加瓜是地球上海拔最高的死火山，沿途可见火山喷发后留下的岩浆痕迹。由于太平洋板块插入南美洲板块之下，把南美洲板块抬升起来，形成地球板块断层的同时也赋予安第斯山区丰富的矿藏，途中多处可见细碎的水晶石和褐色的铁矿石，可以说这里是天然的地质博物馆。

经过5个多小时的徒步，我们顺利抵达5400米的二号营地——“秃鹫之巢”。明天队伍将继续上到海拔6000米的三号营地，后天将冲击6962米的顶峰。

12月7日

等待冲顶

我们今天的目标是海拔6000米的三号营地。登山过程中，气温骤降至零下18℃，山上刮起了强劲的大风。南美洲的巨人并没有沉睡，他咆哮着迎接登山者的挑战。二号营地

赤手攀岩

深陷积雪艰难向上

至三号营地的路程，异常陡峭，伴随着狂风肆无忌惮地侵袭，大家基本是以匍匐的姿势往上前行，用尽力气与狂风竞赛，高差600米的距离仿佛长征万里。

阿空加瓜，对第一次攀登极限山峰的田教授而言是非同寻常的考验。田教授第一次尝试穿上专业的登山靴，步履蹒跚地攀爬，而且在高山上方便，还得用自己随身携带的特制方便袋装上排泄物然后背着登山……真是有些不知所措。这些看似微小的事情在非常环境下都变成了头等大事。此时，我则不停地鼓励着队友，并教一些技巧，帮其慢慢适应。

与我们一起抵达三号营地的还有另外两支队伍，在这个小营地里，大风依然没有丝毫减弱的趋势，队员只能待在帐篷里避风。几个小时的攀登，虽然身心俱疲，但我与田教授一起还是坚持帮助向导烧水做饭——这是我们对自己的要求。

队医再次检查我们的身体，我与田教授的血压均相对正常。根据天气情况，如果持续大风，我们将在三号营地等待好天气到来才能冲顶；但如果天气好转，预计明日凌晨5点开始冲顶。

12月8日 成功登顶

从昨天开始肆虐的大风让我一夜没合眼，一直担心今天能不能登顶。上次就是在6000米处遭遇暴风雪而被迫遗憾下撤，对我来说6000米可谓是一道障碍坎，这次重返阿空加瓜难免有一定的心理压力。更因为阿空加瓜登顶任务的完成与否直接关系到全球九大极点探险能否成功，也关系到接下来为奥运献礼系列活动的顺利进行。我希望变压力为动力，为九大极点探险画上完满的句号。

凌晨5点，向导通知大家准备登顶，我非常激动，梦想

阿空加瓜峰登顶

终于快要实现了。6点整，我们准时从6000米营地出发。我看了一下温度计，零下20摄氏度。队伍沿北山脊爬升到海拔6500米的“独立避难所”，此时太阳才刚升起来。田老师一直走在最后，向导对他的状况比较担心，对我说：“再考验他一个小时，如果走起来还是这么艰难，为了他的安全就必须停下。”

之后经过了一段被称为“风之门”的艰险路段，这里即使在平静的日子里也有很大的风。被不规则风向的大风吹着走，身体几乎是倾斜的，不仅要奋力向前，还要用力抵抗大风才能不被刮跑。此时田老师正用“金氏呼吸法”大口呼吸，而且声音特别响，向导以为他呼吸困难，让我告诉他不要再继续向上了。田老师解释他大动作的呼吸是我教的方法，非常有效，而走得慢是因为避让前面的荷兰队员蹬下来的小碎石影响了他的速度。他对向导说："我一定要上去，我要见证飞豹完成九大极点的伟大时刻！"向导终于被他说服了。

队伍好不容易穿越"风之门"爬升到"卡娜莱塔"（意为山腹中的峡谷，约300米），而前面的山峰似乎总是可望不可及，感觉有走不完的路。阿空加瓜峰的突击攀登高度为962米，比珠峰的突击攀登高度还高出418米，途中要经过大风和落石路段，其攀登的艰难不言而喻。

长达9个多小时的持续攀登，甚至让我觉得这条路漫漫没有尽头，当顶峰终于出现在眼前时，我的情绪像被点燃了一样激动起来。我终于站在了南美洲最高峰的峰顶，站在了7+2最后一站的顶峰！这意味着我的全球九大极点探险的圆满结束。掩饰不住激动的心情，我拿起卫星电话，拨通一直在昆明守候着我消息的办公室："我在阿空加瓜顶峰向家乡人民问好，感谢大家一直以来的支持。感谢城建股份、省市领导和各媒体单位的大力支持，没有你们就没有今天这个激动人心的时刻！"我能清楚地感觉到自己声音的颤抖，并不是因为天气的寒冷，而是发自心底由衷的激动与自豪。然后我和队友一起拿出了国旗、北京奥运旗帜等，在峰顶一一展示。

12月9日

凯旋下撤

在成功登顶阿空加瓜峰后，我们要连续从6000米的突击营地下撤至4500米的前进营地，垂直高差1500米的距离练就了大家飞沙走石的脚上功夫。由于山路上布满碎石，下山的过程几乎是走一步滑十步，整个下撤过程就像滑雪，当队员

安全下撤

到达4500米营地时，已经是大汗淋漓了，回头遥望6000米以上，似乎已恍若隔世。

在4500米营地，气温升高了许多，而营地人员的精心准备更温暖得让大家忘却了前两天的艰辛。丰盛的菜肴，红酒、香槟、果汁一样不少。营地所有人员聚集一起迎接凯旋的英雄们，庆祝阿空加瓜登顶成功。庆功会上，我成为全场的焦点，不仅因为大家知道我仅用了两年不到的时间成功完成了九大极点探险的壮举，更因为我将奥运旗帜带上了七大州最高峰及南北极点，这是世界上史无前例的事迹，队友们纷纷举杯为我喝彩，邀请我签名并合影留念，这样的方式一下子拉近了在场的每个人，现场气氛非常热烈。其中有位意大利队员拉着我，拿出一枚绣有奥运五环标志、火炬以及雅典奥运会吉祥物的徽章，一定要送给我，在他解释后我才明白，原来这位意大利队员是2004年第二十八届奥运会射击运动员，出于个人爱好这次来阿空加瓜攀登。我很感动，并告诉在场的所有人，我很钦佩这位奥运会运动员，2008年我也将作为北京奥运会的火炬手为奥运作出奉献。能在阿空加瓜结识这么多朋友，这是缘分。最后，我告诉大家，2008年北京奥运会将会是100多年来奥运历史上最精彩、最丰富的一场盛会，我衷心邀请大家前来参观。

12月10日 九大极点完满收官

在碎石坡上一路下撤，我忍受着脚趾头的疼痛，坚持下来，当到达大本营时，拇指指甲已经严重受伤，估计两个指甲已经保不住了，只待回到昆明以后慢慢养伤。但怕大家担心，我还是开玩笑地说："我这两个脚趾头已经光荣完成它的'7+2'任务了。"

回首看看远方的阿空加瓜，乌云密布，天空飘雪，坏天气周期马上就要来临，我们都感到很庆幸，如果碰上这样的坏天气周期的话，攀登可能将推迟甚至前功尽弃。

经过昨日庆功会上的交流，大家都知道我此行完成了九大极点之旅的最后一站。我也俨然成为了人们心目中的英雄人物，整个山上的人都知道有位中国队员是世界第十一位完成7+2的人，我成为了阿空加瓜的"名人"。这个消息也很快就被其他队伍知晓了，其中有位美国队员亲自来访，并告诉我他就是2006年5月攀登珠峰时走在我后面的美国队员。他说，当他得知中国有位队员从2006年来经过短短18个月就成

城建股份“追求卓越 超越巅峰”——全球九大极点探险活动示意图

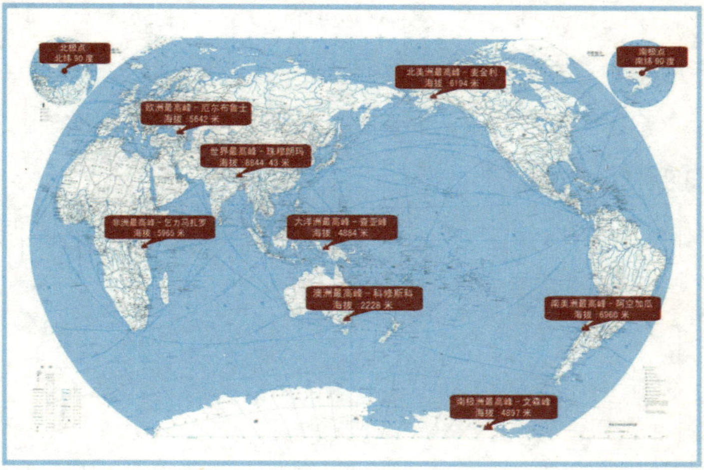

九大极点示意图

功完成7+2的消息后，就猜想是不是“中国的金飞豹”。我知道缘由之后相当感动，我们互留了联系方式。在阿空加瓜遇到珠峰的队友，真是意料之外的事情，能有朋友一起见证第一站珠峰和最后一站阿空加瓜的登顶，我感到非常幸福。

全球九大极点探险完满结束，我突破了无数属于自己、属于世界的第一：

云南人第一次登顶珠峰；

第一对兄弟共同登顶珠穆朗玛峰；

突破最快完成全球九大极点纪录；

第一个在九大极点展示奥运旗帜的人。

……

这些第一意味着什么？意味旧的一轮探险结束了，而新的探险正在前方对我绽放邀请的微笑。生命不息，脚步不止。

感谢所有支持我的朋友！让我们一起期待下一次通向未知的启程。

后 记

豹走天涯 成就梦想

BAOZOUTIANYA CHENGJIUMENGXIANG

曾经的美国总统约翰·肯尼迪说过："不要问国家为你做什么，而要问你们能为国家做些什么。" 立志要成为一个探险家的我常常问自己，我能为自己的祖国、我们的民族做些什么？今天的中国人才济济，有伟大的科学家，有优秀的企业家，有卓越的政治家，有著名的艺术家，还有众多成就非凡的商贾巨富，唯独少有具有开拓精神的探险家。我要用自己的一生来实现人生的梦想——成为中国探险家。

2006年到2007年间，我用了18个月零24天完成了"追求卓越·超越巅峰"全球九大极点顶级探险活动，也就是"7+2"。简单说，

“7+2”就是攀登世界七大洲最高峰，并且徒步到达南北两极极点的极限探险活动。探险者提出这一概念的意义在于：这九个点代表的是地球上各个坐标系的极点，是全部的极限点的概念，代表着极限探险的最高境界。进行“7+2”探险活动，不仅是一种挑战极限的表现，更是一个国家综合经济实力的展现。包括我在内，全世界目前共有11个人完成此项活动，而我是11个人中耗时最短的。其他的探险家们，有的用了16年，有的用了12年，有的用了8年，有的用了3年……

18个月零24天，不算短的一段时间，什么都不做的话，时间转眼间也就过去了，但如果集中精力去过好这18个月，就有可能完成人生中的一个目标或是实现一次对自我的突破。“7+2”探险结束之后，我成了全世界第一个用最短时间完成世界级别极限探险活动的人。18个月成就了我的“第一”，如果将时间放大到18年，在这18年中不断地超越自己、突破自己，那么，18年之后我将成为一个世界瞩目的中国人。

18个月零24天的“7+2”，不仅是一次探险，更是一次精神之旅。我的“7+2”是富有色彩、与众不同的，虽说历经艰辛，却也苦尽甘来。在这18个月中，我随身携带了一面96×64厘米的五星红旗，我把她放在贴身的包里，在“7+2”完成之时，我也把五星红旗送上了世界七大洲之巅和南北极点。

不管做什么事都需要一种精神作为内在的动力，探险更是如此。在我的探险生涯中，自始至终支撑着我的不仅仅是个人的信念和坚持，更是作为一个中国人的自尊与自信。在“7+2”之前，我也去过很多地方，国内国外都有。当我走出昆明的时候，我是一个昆明人；当我走出云南的时候，我是一个云南人；当我踏出国门的时候，我是一个中国人。行走世界，我的身份不再是单纯的“我”，而是“中国人”。我知道，在我的身后，是一个国家的力量在支持我。这是我拥有足够信心和莫大勇气的源泉。

自强不息是当今中国的民族精神。我很庆幸，在攀登世界最高峰——珠穆朗玛峰的时候，我一直没有放弃这种珍贵的精神。

8844米的珠峰，仅仅是这个高度就让很多人望而却步，而南北极的极寒和孤寂则更是一种挑战与考验。每当我精疲力竭快挺不住的时候，只有一个信念在支撑我：不能放弃，坚持到底！不能给中国人丢脸！我做得到！

珠峰是“极限”的象征。这是一个卓越的高度，这个高度并不是任何人都能超越的，但是，如果将8844米的垂直高度改变为8844米的水平长度，“卓越”就变为了普通。8844米的一段水平距离，每个人都可以完成，每天上下班或是散步走的路也许比8844米还要多。所以，有时候，困扰我们的往往不是现实中那屹立在前方的高峰，而是横亘在自己心中的山峰，只要攀上去，我们就向前迈进了一大步。

记得在冲刺珠峰登顶的时候，对于基本没有攀岩经验的我来说，要跨越10多米的“中国梯”真比登天还难。当时我挂在绳子上，上下不得，后面等待攀爬的队员大声喊：“上不去就不要勉强了。”我的高山向导也说：“豹哥，下来算了。”可我对自己说“你来这儿是干嘛的？不就是登顶吗？现在还没到顶峰，你不能停下！无论如何你一定要上去！”就是这样强大的信念支撑给了我神奇的力量，我用尽全力“嗖”地上去了，我终于站在了珠峰顶上！抑制不住内心的激动，我用颤抖的双手捧出了五星红旗，举起她，让她高高地飘扬在了世界之巅。在那一刻，我还特想告诉妈妈：您的儿子在母亲节的这天登上了世界最高峰，我们用世界的高度向亲爱的妈妈致敬！

登顶珠峰之后，社会赋予了我一个新的称号——

“登山英雄”，但我得到更多的，是自己心灵的升华。我清楚地知道，登顶珠峰，我越过去的不仅仅是一个自然的高度，更是一个精神的高度。因为此时的珠峰在我心中已不再是一座高耸入云、无法企及的巅峰，而是一把我用以衡量一切困难的尺子。在行走世界的路途中，不论遇到什么困难，我都可以从容面对，因为我知道，这些困难在珠峰这把尺子面前都微不足道了。

徒步南极点的时候，暴风、大雾、低温，天地一片混沌，看不见任何参照物，视线里除了漫无边际的白色外，别无他物。每天拖着50公斤重的雪橇行走10多公里，看不见目标，看不见尽头，那种生理和心理的双重压迫几乎让我的精神溃堤。每当“放弃”闪过脑际之时，我的心却告诉我：“坚持！坚持！你能做到！”

北极和南极不同，因为北冰洋表面的海冰总在不停地漂移、裂解和融化，北极大陆呈浮冰状，不像南极大陆那样经历数百万年积累起数千米厚的冰雪，显得较平整，因此，在北极探险时，我们每天都要遭遇险象环生的冰裂缝以及体验“如履薄冰”的探险生活。更为无奈的是，只要刮逆风，我们就会不断地往反方向漂移，之前走过的路又得从头再来。北极的滑雪难度也远远超过南极，我和其他队员都必须学会越野障碍的滑雪技能，要翻越连绵不断的冰丘，难度很大，在南极学会的滑雪技能，在这里并不管用，一切都要从零开始。

在南极和北极的徒步中，所有队伍里就只有我一个中国人，那一刻我才无比真切地感受到：“我是中国人，我现在的所作所为是代表中国！”正是这种自尊和自信，让我一直坚持。

世界七大洲最高峰的攀登终有结束的一天，行走世界的脚步也会有停下的一天，但是坚持不懈、自强不息、永争第一的奋斗精神在我却是永远不可磨灭的，它一定会随着岁月的变迁让我不断绽放生命，成就未来！

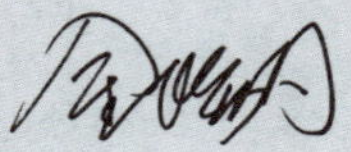

亲人们（金飞豹的妻子和岳母）到珠峰大本营为飞豹助威

图书在版编目（CIP）数据

极限挑战 / 金飞豹著. -- 昆明 : 云南人民出版社,
2011.10
（豹走天涯 · 攀登）
ISBN 978-7-222-08429-2

Ⅰ. ①极… Ⅱ. ①金… Ⅲ. ①随笔 – 作品集 – 中国 –
当代 Ⅳ. ①I267.1

中国版本图书馆CIP数据核字(2011)第202040号

出 品 人：刘大伟
策划监制：吴　垠

责任编辑：冯　琰
装帧设计：马　滨
责任校对：陈艳芳
责任印制：施立青

书　名：极限挑战
作　者：金飞豹 著
出　版：云南出版集团公司 云南人民出版社
发　行：云南人民出版社
社　址：昆明市环城西路609号
邮　编：650034
网　址：www.ynpph.com.cn
E-mail：rmszbs@public.km.yn.cn
开　本：889×1194 1/32
印　张：9.5
字　数：90千
版　次：2011年10月第1版第1次印刷
印　刷：昆明富新春彩色印务有限公司
书　号：ISBN 978-7-222-08429-2
定　价：34.00元